「今日だけは」の生き方があなたを変える

高岡　正

はじめに

「今日だけは」、どのような生き方を心がけていますか？　次のメッセージを読んで、気づいてください。

0＋0＝0ですね。いくら足し算をしても……。では、一＋一＝、二＋一＝、三＋一＝四、と加算されます。

さあ、これを読んで、あなたは、何に気づきましたか？

ディスカバーのためのメッセージをオンする私の思い。

私の自戒も含めていいますと「分かっていない」ということが、「分かっていない」という出来事がいかに多いことか、驚かされることがあります。「分かっていない」

ということの驚きです。

これが「分かった」時、または「分かっていない」ことに、気づいた時の「驚き」は、感動をともなって起きてくるのではないでしょうか。

ともかく、「分かっていない」ということさえ「分かっていない」ので、始末に困るのです。そこで、まあ気楽に、何気なく、どこからでも、気のおもむくままに開いて、読んでみてください。

『新しい意味と価値』の発見

すると、今まで当たり前と思っていたことに対し、新しい意味と価値を発見した。こんな時には何物にもかえがたい〈体験〉を味わえます。単なる「〜しっぱなし」の〈経験〉とは違います。経験という名のカラ、これをカバーといいます。このカバーをディス（取り除く）した時、これをディスカバー、発見といいます。

軽く、拾い読みをしてください。思わぬ拾い物をするかもしれません。自分を振りかえりつつ、まず申し上げておきたいと思います。

フッと目についたメッセージは、あなたの潜在意識の表れ

その根拠は、催眠の実験で分かります。深い催眠状態に入れます。そこで次のように潜在意識にアプローチします。

「これからあなたは、私が眼鏡をはずすのを見ると、窓を開けたくなります。しかし、今、私があなたにいったことは覚えてはいません。覚えていないけれど、私が眼鏡をはずすのを見ると、窓を開けたくなります」

こうして覚醒してから、何気ない話をしながら、さりげなく眼鏡をはずす。すると、はずす動作にふと目を止めます。そして次、やおら立ち上がって窓を開けにいく。何かセイセイした顔をして……。

そこで「なぜ、窓を開けにいったの？」と聞きます。

その答は「いやー、なんかこう部屋の空気が淀んでいるような感じがしたんで、入れ換えたいという気がおきたんです」

さて、こうした実験を通して、潜在意識に入れられた情報というか、欲求というか、何かのうごめきが、意識に影響を与えたということと、潜在意識のうごめきは、意識で都合よく合理化しているのです。

こうした催眠実験を見て、ディスカバー・メッセージにフッと目を止めた。これこそ「分かっていない」ことが、「分かる」きっかけをつくったといえましょう。

「今日」というアナの中のただいまというアナを活かす

また「今日だけは」の生き方として、一日をアナとします。そのアナを構成しているモロモロの出来事、寝る、起きて顔を洗う、食事をする、通勤で電車に乗る、仕事をするなどをアナとしてみます。そのアナに「心」「気」そして「命」を入れてみる。そこから、新しい意味と価値が生き方の中に生み出されてくる。

いうなれば、一日というアナの中のあるアナを活用して、アナどれない人生を楽しもうという試みです。

そのため「ディスカバーメッセージと内容」、これにともない必要に応じて「一分間解説」と「実践のコツ」として展開、構成しました。

アナどれない人生への序曲を奏でる

今日の自分は　　未来をつくる原因
未来という結果は　　今日という現在のあり方
この今日が原因となって
未来という結果は　　大きく変わる
この変えられる未来に乾杯しよう
それは　　今日だけの生き方
今日は　　新たな人生の始まりの一ページ
すべては　　一より始まる

四章　気を落とし、気枯れている人に気が効く法

五章　気は心づかい、息づかい、体づかいでツーカーの原理

六章　「気」を隠し味として今日に活かす

一章

生き方の知恵は中心・基盤を持つことから

あなたの「中心・基盤」は？

こう問いかけられたら、戸惑いを感ずるでしょう、恐らく。

なぜ、このような問いかけをしたかというと、生き方の知恵を左右するからです。

例えば人生とは、という言葉の後を続けると「出来事や事件の連続であり、その解決に迫られている」と私は考えているのです。その際「中心・基盤」のない人は、事あるごとに右往左往せざるを得なくなります。親子とロバの話があります。

親子でロバを引いて歩いていた。それを見た人々が「あー馬の力を利用しないで、無駄なことをしているな」と。それを聞いた親子はさっそく、子供を馬に乗せ、親が馬を引いて歩き始めた。それを見た人々がまたはやしたてた。「なんて親不孝なんだ。親を歩かせて」。これを聞いて、子供が責められて可哀相だと思い、かわりに親が馬に乗ることにした。

しばらく進んでいったところ、また別のところで周りの人々が盛んに親をなじっている。「なんだ、あの親は子供を歩かせて苛めている」「いやー参った」と思い思案にくれた時、思いついたのは、馬の足を括り棒を渡し、親子で馬を担いで歩いていた。それを見た人々は「馬を担ぐなんて、どうかしているよ、あの親子は」とはやしたてた。その騒ぎの声にビックリした馬は暴れ出してたまたま通りかかった川の中に落ち、打ちどころが悪く溺れ死んでしまったという。元も子もなくなってしまったのです。

また「中心・基盤」のない人は、偏りが見られます。「生きる」という過程の中でおこる典型的な三つのパターンを紹介してみよう。

その根拠は、大脳の基本的機能として「興奮と抑制」が見られます。まず「興奮」に偏ると癲癇病となり、「抑制」に傾くと失神となるわけです。「興奮と抑制の調和」が大脳をして正常な働きとなって表れるわけです。

これが日常生活の中で見ると「興奮」は「攻撃」となって表れます。自分から相手に〝つっかかる〟のです。これを「怒り」といいます。一方、「抑制」にあたるのは〝逃げる〟という〝かかわり〟で「恐れ」という行動になって表れます。いずれも「不安」によって醸し出される〝反発〟が突っかかったり、逃げたりという行動になるのでしょう。

ところで〝反発〟をプラスとマイナス、作用と反作用、表と裏のような相対で見ると〝融合・調和・一体〟のような〝かかわり〟となって表れます。いうなれば、両極端の偏りではなく、調和に見られる「中心・基盤」の確立が重要なポイントになるということがいえそうです。

これを相対図・図①で示してみましょう。

「中心・基盤」があると、ちょうどヤジロベーのような安定と調和を保つことができるのです。「中心」がシッカリしていれば、調和を回復できる。予測しない出来事にも慌てない、振り回されない。

「基盤」の確立がされている人は、自分のなすべきことをわきまえて行動できます。これは「立場」をわきまえた〝応える能力〟、これをリスポンスできるアビリティといい、まとめてリスポンシィビリティ、訳して責任感ということになります。いうなれば、地に足のついた信頼される人ということになります。

「中心・基盤」のメッセージは「存在は、常に変化する」

この世に〝存在〟するアラユルものは、他のモノと網の目のような〝かかわり〟を持っています。ある一つの網の目は、その周りを囲む他の目があるから存在しているのです。

一方、周りにある目は、一つの目が存在しているからあるのです。一見かかわりのない目も、次々と辿れば、実はみなかかわっているのです。一見して〝かかわり〟がないように見えても辿ってみると〝かかわり〟があるわけです。

ところが、現在の現象を見渡すと、自分という点でしか考え行動できない人の老若男女を問わずいかに多いことか。

これを「テンで話にならない」といいます。

かかわりは「**縁**」といいます。例えば「種」があります。これを原因として見る。これを実らせる「果」には、この〝縁〟のあり方によって、「よく変化」したり、または「悪く変化」したりします。

日陰に植えた場合、日当たりのいいところに植えた場合、雑草が生えた場合、肥料

図①　「三脚の原理」を活用したライフスキル開発構図

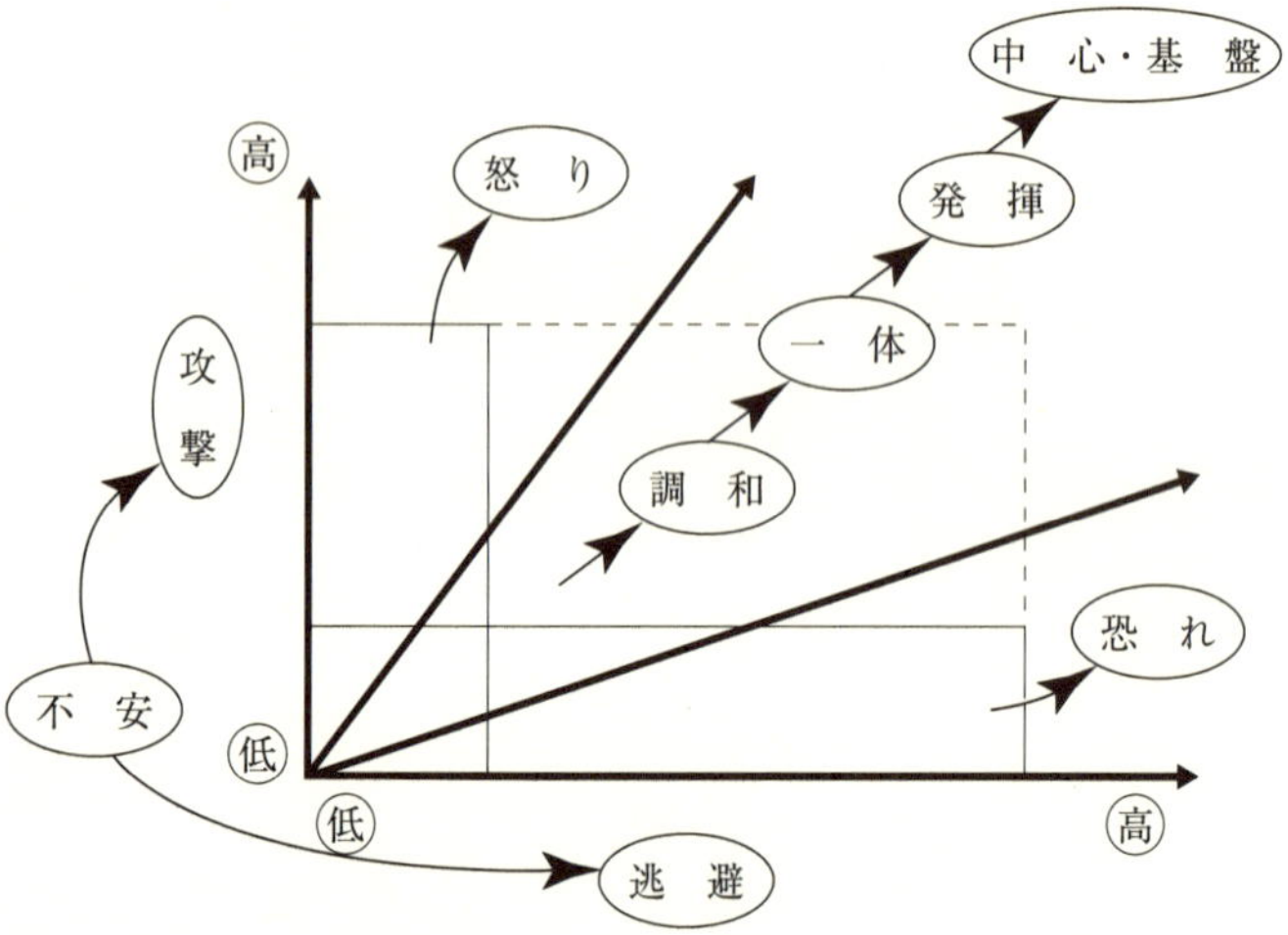

のやり方など、これらが「縁」です。これら〝かかわり〟方という「縁」のあり方によって、「果」が、よくなのか、悪くなのか左右されるわけです。

ディスカバーメッセージは「縁」の役割をしています。

それぞれの人が持つ、まだ発揮されていない潜在能力があります。先に指摘した「原因」に相当するところです。この「原因」をいかにして「結果」という発揮につなげるかという「縁」を促す役割、それが本書で指摘するディスカバーメッセージということになります。

要するに、カバーされて発揮を阻害しているものを、いかにしてディス（はずす）するかということです。

「縁」は「気」の働きなり、です。本書でも紹介していますが、「気の働き」の説明も次のように指摘できると思います。

気の働きとは原因を促し、結果を生ぜしめる「縁」の作用であるといえます。例えばあることを意識する。それが原因となり、次にそれにある想いをともなわせる。これが「縁」となり、「念力」を呼び起こし、実現するという「結果」を生み出すことができるのです。

「縁」と「生命のエネルギー」の関係は何でしょう。「生命エネルギー」を「気」という字で表しています。心身の働きの元には、この「エネルギー」という「縁」が大きく影響しているといえるのです。生まれた時の母体から受け取る「元気」と「精気」という先天的エネルギーがあります。

また、環境要因としての空気を通しての「天気」による呼吸、そして食料、水など「地気」によるエネルギーのおかげです。こうした「気」のおかげなのに案外気づいていない人も多いのです。

一般的に使われている「気」の言葉を活用して「気」という「縁」の〝かかわり〟

の重要性を次に示しておきましょう。

「気」を落としたり、「気」を使いすぎたり、「気枯れ」てしまいがち。

これからは「気」を入れて良く、好く、善くと、生きる楽しみを楽しみましょう。


あなたの「命」の原因は？ こう問いかけられたら、どのように答えられますか？

両親がいただけでは、子供はこの世に誕生しないことがお分かりでしょう。父親と母親の〝かかわり〟が「縁」となったからです。さらに、両親の両親と「縁」続きをしてみる。十代前は何人になりますか。

これが「命の原因」ということになりましょう。これについて表現を変えると「恩」ということになるようです。『致知』という雑誌に「恩」は、原因の下に心がある。その心を古代の和語で見ると「命」という。だから「恩」とは、「命」の原因という、と指摘をしていました。

「命」を粗末にしては罰が当たる、と昔の人はいっていた。これは同時に「恩」の重要性をも意味しているといえます。


〝転〟ずれば、〝天〟に通じて開く。「相対的」な「かかわり」の「相対的」とは、東洋思想の特徴といえます。その典型例に陰陽の太極図があります。

例えばアクセルとブレーキ、プラスとマイナス、自分と相手、興奮と抑制、外因と内因、主流と支流、主因と副因、作用と反作用、動と静などなど指摘すれば、世の森羅万象に見られる「かかわり」といえるかもしれません。

一方、不利な点を絶対的なものと思い込んでしまったら、絶望し動きがとれなくなりましょう。こうした固定観念をはずし、活路を開くキッカケづくりにもなろうというものです。また、新しい意味と価値の発見にも役立つことができると思います。

一例として、病と健康という「かかわり」を見てみましょう。病は災いといえます。しかし、一つぐらい病を持っている人の方が、よく養生して、無病の人より長生きすることがあります。つまり「一病息災」ということです。

表現を変えれば、「災い転じて福となす」ともなります。また「転ずれば、天に通じて開く」ということにもなります。

「**立場」を考えよう**。「自分の立場」を考えたら、「相手の立場」も考慮し、もう一歩「第三者の立場」から見直してみよう。この発想で、思わぬ気づきにビックリさせられます。これも〝かかわり〟方のあるべき姿を示しているのに気づかれることでしょう。

シーソーに乗っている二人、一方が上に上がり、足が宙に浮いている。一方は下に下がり、足が地についている。平行になりたいのに、上方の人は「お前が後ろに腰かけているからだ。もっと前に進んでよ」という。

これに対し「お前が、前に腰かけすぎるんだよ、もっと後ろに下がったら」。お互いに自説の主張のみに止まっている。

そこで、ちょっとした心の広さというか「寛容な心」で対処したらどうだろう。すると「私のほうが、後ろに乗りすぎたようだ。少し前に出ますよ」という。これを聞いて、相手はなんと「いやいや、私が前に出すぎて腰かけたからだ、私の方こそ、後ろに下がるよ」となりましょう。

これが「相手の立場」に立ってみたことから発見される「カワル」は「ワカル」という〝かかわり〟からきているわけです。

これがシーソーだから、すぐできるのですが、日常の問題となるとなかなか自説を曲げにくいでしょう。具体的にハッキリと目に見えないからです。

そこで自分から相手へ、さらに一歩も二歩も前進という第三者の立場、要するに今まで自分の立場から見た内容と、相手の立場から見た内容を第三者的に客観視するのです。それが今まで、見抜けなかったことの発見につながるわけです。

「茶柱の教え」というのがあります。

お茶を湯飲み茶碗に注いだところ、茶柱が向こう側に立った。手前の方に持ってきたい。そこで茶碗をグルグル回してみた。しかし、手前に回ってこない。ではということで、フウフウと吹いてみた。しかしビクともしない。さて、どうしたものかと考えあぐねた時、「そうだ、自分が、かわればいいのだ」と気づき、茶柱が立っている側に自分がかわればよろしいのだ。ということで、茶柱を手前にもってこれたという話です。

これがカワレば、ワカルということ。しかも人頼みではなく、自らの行動が新しい意味と価値を摑みとれたというわけです。ところで、かわる、といっても自分の問題をスリカエて、問題は相手にある、という。こうした棚上げからは、真の問題解決はできないでしょう。

ところが、そうは問屋がおろしてくれないのです。自分が持ったある観念は、それが物差しとなって対象を見るのです。その自分が持ったある観念という物差しが、歪んでいても、当のご本人は歪んでいるとは思っておりません。その歪み部分を相手から指摘されると、逆に相手に問題があるというスリカエをしてくるのです。

この場合の「補い」というのは、自分の問題を問題として見ることに無意識の抵抗をこころみ、相手が問題だと指摘することで、自分は問題ではないという自分勝手の「補い」に陥ってしまうのです。

「相手に問題あり」と感じた時には、「自分にこそ問題があるのではないか」と自問することが、都合のよい補いからの気づきができるのではないでしょうか。

点になることもプラスに

先に点になることを、テンで話にならなくなる、と指摘しました。これを相対的に見ると、今度は「点」になったほうが役にたつことになるわけです。ものは、使いようでマイナスもプラスになれるということです。

昔の武将が、戦争に出かける前にすべてのシガラミを脱し、エネルギーの方向性を確立するため、瞑想するという。自我をなくして、真我の声を聴くということでしょう。いうなれば、ハイヤーセルフという高次元からのガイドが得られるわけです。

聖徳太子も夢殿に入って、想を練ったと伝えられています。アラユルものの一切から開放された自在心が、本来その人が持っている能力の発揮にかかわることになるわけです。

存在は「不完全」の認識が「補いあう」関係

これを人間関係のあり方に適用してみるのです。すると「私も不完全、あなたも不完全」というわけです。神ならぬ身、この地球上に存在するもとは、すべて不完全という前提で考えてみるわけです。

こんな寓話があります。ある旅人が歩いていた。夕方頃です。食欲をそそるようないい香りがただよってきました。何とはなしに、その香りに釣られて道を辿ってゆくと、開かれた窓からご馳走の周りを囲んでいる人たちのいるのが目に入りました。

ところが、みんな、やせ衰えているではありませんか。おや、なぜ、と思ってよく見ると、みなさん両手が長いんです。だからご馳走を目の前にして自分の口に運べなかったのです。「あーあ、なんて可哀相なんだ」と思い、そこを素通りして、さらに歩いていきました。するとまたもや食欲をそそる香りです。

前と同じように惹かれるように香りを辿っていきました。辿り着いた家の窓から見えた光景に今度は違った意味でビックリしました。

手が長くて、ご馳走が食べられず、やせ細っていた人たちと同じに両手が長い人たちでした。

なのに、みんなふっくらと肥えた人たちでした。そして和やかに談笑しながらご馳走を美味しそうに食べているではありませんか。

どうして食べられるんだろう、あの長い手で……、そしてよく見たところ、なんと、お互いが長い手を自分の口には持っていかず、向かい合っている相手の口に手を持っていって食べさせていたわけです。

相互に足りない部分を補いあっていたというわけです。これは「寛容」と「かわる」は、「わかる」につながることになります。

「不完全」の活用で新しい意味と価値が摑める

さてコップはコップではないといったら、どういう意味でしょう。それはおかしい。コップはどう見てもコップでしょ。そういう声が聞こえてきそうです。確かに私たちは「そこにあるコップとってよ」といわれれば、間違いなく相手の要求に応えたことになります。

コップを見ると凹面になっています。相対で見ると、実と虚からなっているのが分かります。虚は実体がない。いわゆる空間です。そこがコップたるゆえんなのですが、またコップでもなくなるのです。その空間には何も水だけではありません。

タバコの灰を入れれば灰皿といいます。花を入れれば花瓶です。または丸い部分を活用すれば、円を描く定規の役割も演じます。これがコップはコップではないの理由です。存在は不完全なのだから、「もっと他の使い道はないか」とチェックをしたらいかが？

「これで完全」と考えない、言葉をかえれば、「これ以上は考えられない」はないと心得ることです。一八九九年のことです。アメリカの特許庁長官は「もう特許になるようなものはない」といって突然退職したと伝えられています。

あの有名な発明王エジソンでさえ、みずから発明した蓄音機に対し「これ以上の付加価値はこれからも出ない」といったとのことです。「これでいいのか」「こうしてみたら」と常に追求してゆく勇気と努力が必要なのです。

「**これは面白い**」。つまり好奇心です。これを問題意識を持った野次馬といいます。知らないから見よう、聴こうと常に興味と関心を示し、かかわりを変化を求めて追求していくのです。

不明な点があったら、「まあいいや」ですまさず積極的に追求し、手繰り寄せる意欲が必要です。

「これは何を意味している?」、「どう繋がるのかな」、「何が学びとれるのか」、「どのように活用できるか」など、そして問題にぶつかれば、ぶつかるほど「さあー、面白くなったぞ」ととなえることです。

また、**もう一歩、もう一工夫**と何事も「これでいい」と勝手に限定しないこと。くだらないことであっても、「なぜこれをくだらないことと思ったのか」と振り返る。案外こんな時こそ、新しい意味と価値を見つけられるのです。

振り下ろす太刀の下こそ地獄なれ、踏み込んでこそ、極楽もあり、もう一歩、もう一工夫こそ大切なことといえましょう。

人生とは、未完成を楽しむことと見つけたり。

事物の変化は他の事物に変化をもたらす

「そんなことは起きようはずがない」なんて思ったことはありませんか。小さなことから始まって、小さなことから終わる、ということがあります。

針でさしたような小さな穴も大きな影響となって表れるという警告とでもいえましょう。

変化といえば、自分がばい菌的な言動をとっているのに気づけない。それでいて、周りが悪いと批判する人が結構いるものです。私の方が正しいとばかりの態度は、噴飯ものです。

学びとれることは「よりよい変化の存在者といえるか」という自問のできることこそ心豊かな人といえましょう。ということは「人を変えようと思ったら、まず自分が変わること」も大事でしょう。

それから「変化」は〝いいか、悪いか〟のいずれかになります。「これでよい」は、悪く変化したことです。まさに「停滞は許せない」のです。

「組織は知恵を絞って創った時が最上である。後は、ただ悪く変化する一方である」ということもよく認識しておくことが必要でしょう。それから、人間の性として「ぬるま湯に慣れきって、危機場面という変化に気づけない」というのも困った問題です。

この寓話としてよく例に出されるのが「ゆで蛙」の話です。

水を入れた鍋の中に蛙を入れ、下から水を温めていった。だんだん水が温かくなり「あー、いい湯だな」といった感じで湯につかっていました。ところが、慣れにより温度が次第に上昇している変化に気づかなかったのです。「熱い」と感じ飛び出そうとした時には心臓麻痺を起こし死んでしまったといいます。

メッセージの背景に私の体験が

私のささやかなユメ実現の背景には、存在という〝かかわり〟と〝いい変化〟の連鎖と循環があったと思っています。

本をはじめて発表した昭和四十二年八月、この時の感動は忘れられません。「こうしたい」と目的意識を持ち、あわせて問題意識を持って情報を集めたりしていると、いつのまにやら自分が主体的になって動いていました。

当然いろいろな〝かかわり〟が出てきます。すると不思議とアッチコッチからの〝かかわり〟が周りから出てくるのです。相手の方から近づいてきた、といってよいかもしれません。

また「そうだあの人に手紙でも出してみるか」とフト頭に浮かんだら、すぐ行動にうつしました。後にも紹介しますが「閃いたらすぐアクション」のメッセージもこのような体験のなせることだと思います。

そして「知らないから見よう、聞こう」との〝かかわり〟もありました。こうして本の出版がその後も実現、また、これが〝かかわり〟となってテレビ、ラジオ、それから雑誌などにも依頼が次々とありました。

そしてもう一つのユメが、家のことでした。間借り生活の連続で、実に嫌な思いをしました。都営住宅を世話してやるといわれ、なけなしの警察官六年間の退職金を渡しました。これが詐欺同然のような形でドロンを決め込まれてしまいました。これは、まだ本を出版する前の出来事でした。

家についてはこんな辛い体験をしましたが、産能大学に勤務してから先に紹介したように本を出したり、家のほうも、当時団地族という言葉が賑わしていたころ当選し、入居というように本を出してからホントにいろいろな〝かかわり〟が自然発生的に生じました。それが、今住んでいる家にまで及んだわけです。「川のある側に土地を買い、そこに家を建てたい」という夢が実現したわけです。しかも、ローンという借金は一切しないという前提条件を設けてです。

ただし、すべてが順調というわけではもちろんありません。若干の紆余曲折はありました。団地から建売住宅をキャッシュで購入し、住んだところいろいろなトラブルが発生、妻がノイローゼに陥ったりしたこともありました。

そこで転居のやむなきに至り、若干の借金を余儀なくされたこともありました。これもすぐ返済できました。これもホントにおかげさまでといっていいでしょう。トラブルのあとにはツキがくるのです。

それをアレコレ考えず行動に移していったのです。黙っていずに、口に出していってみることです。これが「手繰《たぐ》りよせる」ことに繋がるのでしょうか、先にも指摘したように、向こうからきてくれるのです。

こんな例がありました。私の体験を授業で聞き、実践し、三億円の豪邸を購入した学生がいます。

この女性の方は、産能短大の学生で、卒業の謝恩会の席で私に報告されたのです。「先生の能率学の授業で話された体験に非常に感銘を受け、私なりに実行したら夢が実現しちゃったんです」と語ってくれました。いやー、私も物凄く嬉しくなりました。

そしてもう一つ驚いたのは、当初ニコニコと私がいるテーブルに近づいてくる女性を見た時、「輝いているな」と感じたんです。もちろん卒業の日です。ましてや通信教育というハンディを克服しての卒業ですから喜びも一入《ひとしお》だと思いました。「四十歳代」と感じたんです。ところが、なんと「六十歳」と聞き、驚かされました。

私もいま七十四歳ですが、大体六十歳代に見られます。歳は取るけど、心の皺は絶対に取らないことが大事だと思っております。

二章

その気になってやってみる

「明日に依存」が今日の損失を招く

日々の生活の中で、つい次のような言動をとっていませんか？

「やってはならない」ことを「やって」しまったり、「やらなければ、ならない」ことを「やらなかった」りするなど、いずれも今日を十分には活かしていない行動ばかりです。

特に後者などは「明日に期待」を持つことで、「今日」から逃げていることが問題です。そして、後になって口に出るのはグチばかり……。これでは明日という未来は期待できないということは明らかです。

「明日への夢を抱きつつ、今日そして、ただいまを精いっぱい生きる」ならいいのですが。0＋0のやり方といえる**逃避**からは何も生まれません。

健康は、**幸せ**は、**ツキ**は、みな向こうからは、歩いてきません。

ところで、逃避ではない「明日に依存」という考えがあります。私が原稿を書く時

図②

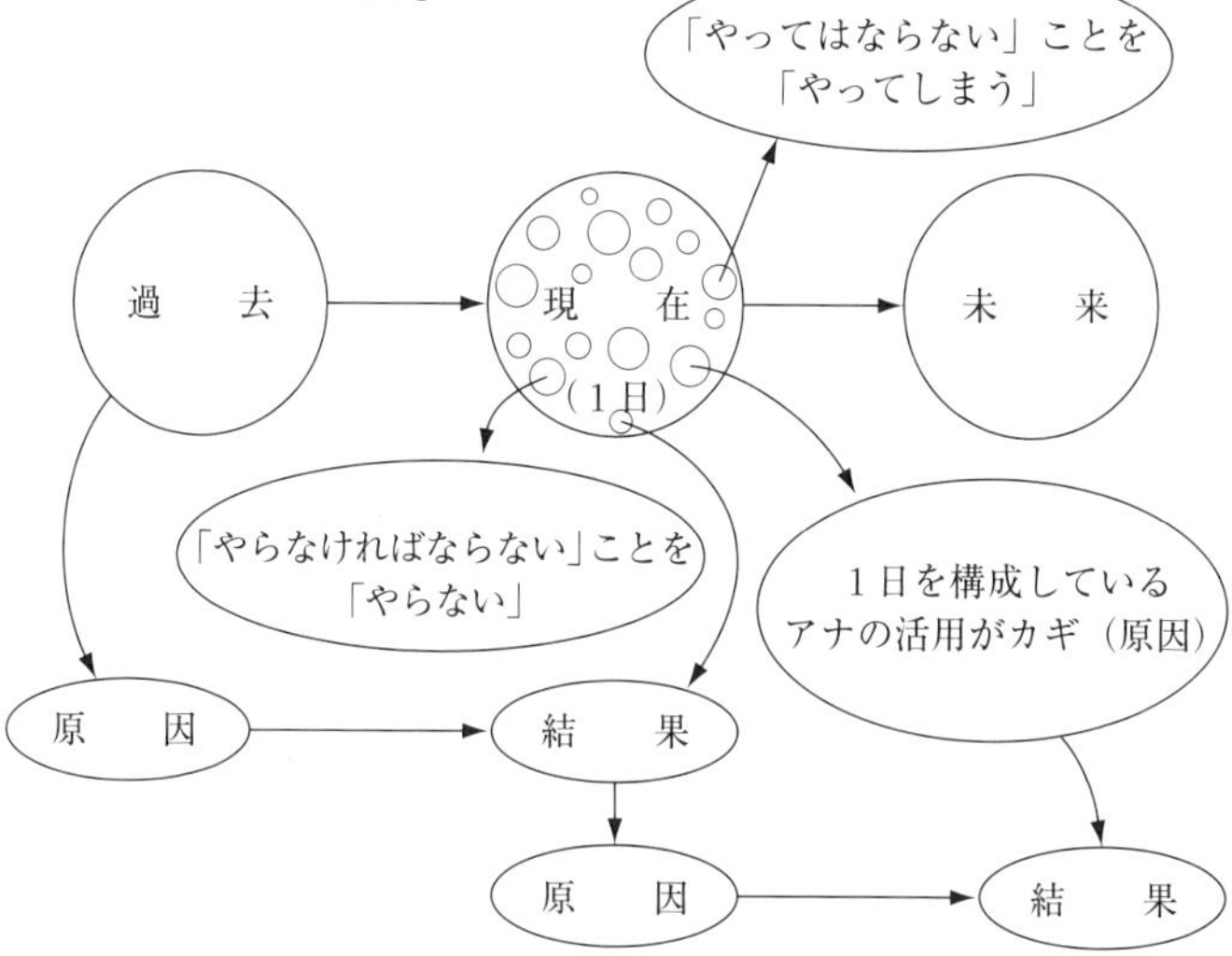

のやり方なのですが、「明日に繋げる」ための、ただいまのあり方です。

それは、**続き**をつくるのです。その段取をすませておけば、明日の最初は即、没入できるのです。時間と労力の無駄づかいがなくなろうというわけです。何事も、向こうからは歩いてきません。歩いてきたように見えたのは錯覚で、日々、それなりの積み重ねがあったからです。

一＋一＝二の原則です。自分が、自分の人生のページをめくる。他人からめくってもらっていては、何も始まりません。

一分間解説――時間軸と因果律

一日を時間軸と因果律のかかわりで表

図③

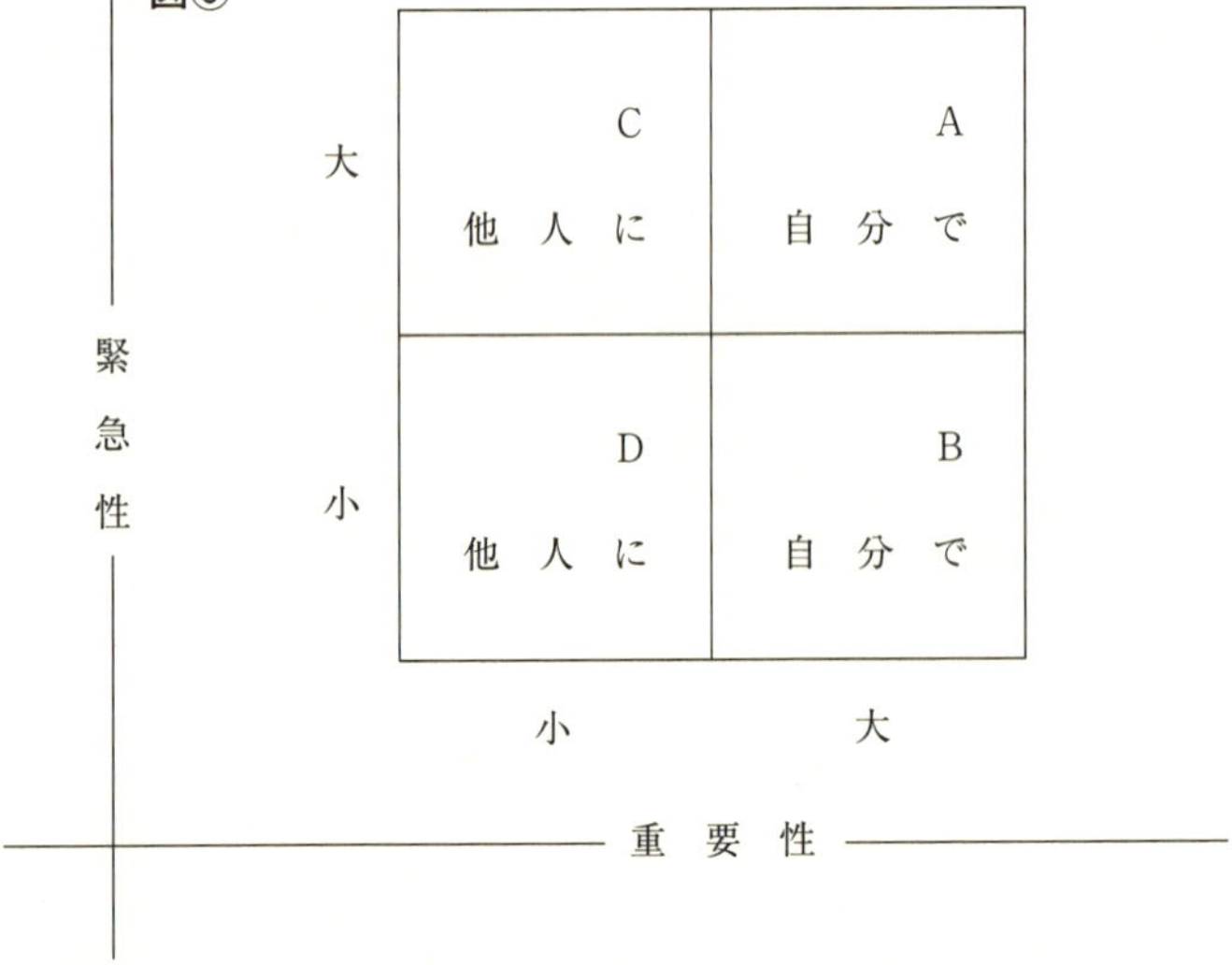

してみると図②のようになります。今日というのは昨日の原因の結果です。そして明日の結果は、今日が原因となります。

●実践のコツ――今日やるべきことをするコツ

段取の決め方について紹介しましょう。必要な条件は、時間と内容のバランスにあります。それを図③のような**かかわり図**で選択、決定できます。

縦軸に急ぐか、否かについての**緊急性**、横軸に重要か、否かの**重要性**を設定します。次に「田」の字を書きます。

縦軸側の上を大、下を小とします。

横軸の重要性についても同様に右側に

大、左側に小を設定します。

次に今日しなければならない予定の項目をリストアップします。

それぞれの項目の個別検討に入ります。その際、まず緊急性について、大（急ぐ）か小（急がない）かを選択します。

リストアップした項目の緊急性についての選択が終了したら、次は重要性について大（重要である）か、小（重要でない）かの、選択に入ります。

これらの選択の結果、各マスに配置された要因を基に順位を決めるのです。

Aは急ぎかつ重要であるので、最初に着手する。次は急ぐが重要でないCは人に任せる。Bは重要なので自分でする。Dは急がない、重要でないので、人に任せるなどと決めて段取するのです。

「何となく生きる」罪を犯していませんか？

法律に触れた罪ではありません。ただ日々の生活の中で「知ったつもり」、「分かったつもり」で「これでよい」と思い込み、そして何となくその日、その日を生きています。こうして積もり積もった塵が、知らぬ間にカバーとなって、見る目を曇らせています。

中心・基盤となる「存在は、常に変化する」で見ると、「これでよい」といったことは悪く変化したことに等しくなります。単なる**経験**の繰り返しである「〜」をしっぱなし」ということになってしまいます。

勝手な自己満足です。脳を使っていないのです。こういう人を「ワンパターン」の人といい、犬さえ嫌がるのです。「ワン」と鳴いて「パターン」と倒れてしまうくらいにです。

「流れに流されている」日々を送っていませんか？

「なんとなく生きる」。これは罪の一つです。

「ソンなことといったって」とは、ついいいがちな表現です。これが原因となって「ソンな」結果を招くのです。

そうかと思うと「みんながやっているから私もやる」といって、流行という流れに流されているのに気づきません。みんながやりはじめたら別のことを考えるんですよ。

また「私一人ぐらいなら、いいだろう」とルール違反をしたら、「みんな同じことをしていた」、なんてこともあるんじゃないですか？

「みんなで渡れば、怖くない」なんてのも流されている典型ですね。自分一人じゃなんにもできないなんて……。たくさんの精子と競争してこの世に生まれたんですよ。

一分間解説──慣れに慣れてしまう

左記の口という漢字だけを出し、後は紙などで隠してください。そして最初の字を「くち」と声に出していってください。後は一字ずつ紙をずらしながら声に出して読んでください。

口──→日──→白──→百──→首

最後の字を何と読みましたか？

多くの人は「くび」といいます。首に似ています。

事実よりも内なる自分が、見慣れたものを見ているのです。今までの自分に流され、つい表面だけ見て、本質を理解したようなつもりになっている。早く塵を除く必要があります。

その基本は「見慣れたものも、見慣れなかったもの」としてみることです。

「そのうち」病にかかっていますか?

「健康は、向こうから歩いてこない」、「幸せは、向こうから歩いてこない」、「ツキは、向こうから歩いてこない」

なのに手をこまねいて、足を組んでいる。

「そのうち」「そのうち」といって、いたずらに時が過ぎていく。0+0=0でしかありませんね。

「いずれくる時とは」、「あーあの時、やっておけば」の悔いの時。

「今日だけは」０＋０をやめて、一＋一＝二、二＋一＝三でいこう。「ウン」と閃いたら、すぐアクション。やってみなけりゃ分からない。少しずつでもいいから「やってみる」。「こうしちゃおれん」と「やってみる」

●実践のコツ――その気になれる呪文

人生の日々は出来事の連続であり、その解決に、いつも迫られている。今、ここでしなければならない、なのにクヨクヨと思い悩んでいる。どうにも**変えられない**「過去」の出来事に「とらわれている」。いうならば悩みに理由をつけて悩んでいるといえます。

これを「０＋０の生き方」という。ならば、視点をかえて、一＋一にしてみたら。「思いきってみる」かと思うと、「叱られるかしら」、「もし、失敗したら」なんてまだこぬ「未来」に「取り越し苦労」している。こうした場合も、一＋一の極意で「割りきってみる」。

「Ａにしようか、Ｂにしようか」、選択にふと迷う。ここで「あーでもない、こうでもない」と始まり、泥沼に落ち込む。どっちみち大した違いはないよ。迷うより一＋

一＝二だと「踏みきって」みる。

こうしてその気になれば、気を揉まず、気に病まず、気後れせずに、気が篭《こ》もり、気が乗って、気がついたら、できちゃった。後の祭り、悔いの時はもうサヨウナラ。

「そのうち」も使いようでプラスに

人前で話をしなければならない時、「あがるまい」とムキになれば、なるほど、あがってシドロモドロ。「眠ろう、眠ろう」と努力すればするほど目が冴える人。「負けまいと」ムキになって取り組む人。

ともかく、いずれも自分の思う通りに事が運ばず、イライラしている人をよく見かけます。「ムダな抵抗はおやめなさい」といいたいのです。そこで提案したいのが「そのうち」です。**力を抜いて、力を出す**のです。

それには「～をしていれば、そのうちできるのさ」という気楽さが重要なのです。「こうしていれば、そのうち眠れるさ」で「瓜熟せば、そのうち落ちる」の原理です。

▨一分間解説——意思力と想像力の関係

「意あって、力足らず」という。

「やろうという意欲は十分あるのだが、その結果は、意欲の半分にも満たない」

どうしてこんな無駄なエネルギーを費やしてしまうのかを、フランスのエミール・クーエが病人治療の過程で発見した意思力と、想像力のかかわりの法則を発見し、これを「努力逆転の法則」としてまとめたのです。

そのいわんとすることは、意志力と想像力が葛藤したり、反目するというムキな状態の時は、意あって力足らず、思う通りにならないことにイラダチを覚えることになるわけです。

一方、意志力と想像力が同調した場合、両者の和ではなく、積によって結果が出る。これは「力を抜けば、力が生まれる」という自然体の重要性を訴えています。

失敗したって、いいじゃないか

人間が一番陥りやすいアナ。

それは「恐れと不安」にあります。「失敗するんじゃないかな」、「他人がどう思うだろう」などなど。「やろうか、やるまいか」と迷うのは、エネルギーの無駄づかいというものです。

「失敗は体験のひとつだ」と気づくことで、ただ「やりっぱなし」では、0と同じです。

一＋一＝二にすることとです。やったことの中から「よかった点は？」、「悪かった点は？」と**指摘**してみます。

そしてそれは「ナゼッ？」と**原因**探りすると、「アッそうか」と**気づく**のです。

「ならば、こうしてみたら」と**仮説**をたて、新しい意味と価値の実現にむけてやってみるのです。

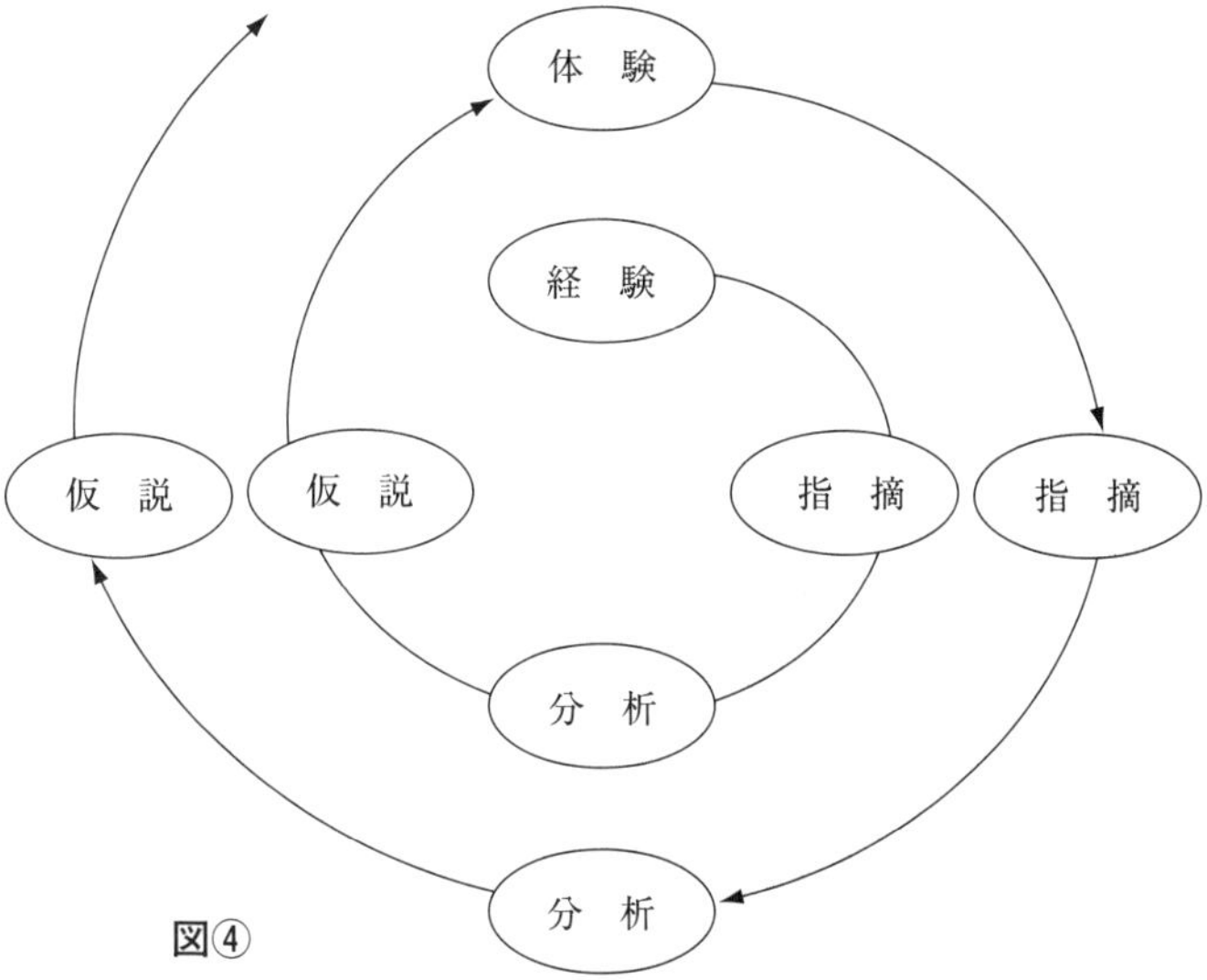

図④

一分間解説——経験と体験は違う

知識と経験が多い人ほど、考えが固定化しているのに気づきません。体験がないからです。図④を参照してください。

あることをやってみる（経験）、そのプロセスを見る（指摘）、よかった、悪かった点を指摘、それはなぜか原因を探り、整理し、気づく（分析）。

××という場合には、△△という○○が……という理由で起こるのが分かったならば、これからは、□□ということをやろうと指針をたてて（仮説化）みるのです。

渦巻のように拡がりを見せ、勘も鋭く磨かれます。

これを体験というのです。

●実践のコツ——その気になるとならないでは、生命エネルギーに差が出る

イライラとした行動をとってみた場合、身体にどのような影響を与えているか、お分かりですか。同じように、コップの中の水に向かって「悪魔とか、このバカやろう」といってみる。その水は飲めませんよ。飲んだら体にどんな影響を与えると思いますか、考えたこともないでしょう。

こうした実験の後、次のようなテストをしてみるのです。Oリングテストというものです。利き腕の親指と人差し指で輪をつくります。その輪の中に他の人が左右の人差し指を入れて、左右に引っ張るのです。その際の輪にしてある指の開き具合を見るのです。この場合、見事といってよいくらいに力が抜けて輪が開いてしまうのです。

次は、前と反対にプラスの表現に切り替えるのです。

「ありがとう」といってコップの水に話しかけるのです。この後、Oリングテストをすると輪は開きにくくなっているのに気づきます。こういう実験を通して、何が受け止められますか。

失敗を観念として持った場合と前向きとの反応の差にあります。「やろうか、やるまいか」と思ったら、「やること」に意を注ぐのです。「実験」には失敗がないのです。その気になれるコツで、Oリングで指は開かないでしょう。

一分間解説――Oリングテストが明らかにする

Oリングテストとは電磁波の共鳴現象です。正式には、バイ・デジタルOリングテストと呼ばれています。

一九七二年頃大村恵昭医学博士により開発された診断法です。機械や道具を使わないで、全身の臓器の異常や機能低下を判定できるものです。レントゲンで発見できなかったガンの異常も発見したとも伝えられています。

また実験で示したように、心のあり方が体にとってよいか、悪いかなども判定できるものです。

Bi（バイ）とは、twiceとかtwoなどの意味を持つラテン語が語源といわれています。またdigital（ディジタル）は0か1かの二進法で、語源では古代エジプト語で指の意味であるディジットからきているとのことです。脳に伝わった病的か否かの判断を指に伝え、指の筋力の変化となって表れます。

ただ、微小な潜在的情報を引き出す優れたテストでもあり、周囲の微妙な影響も受けやすいので、安易な取り組みによる誤診はさけたいものです。

手順を示しておきましょう。

① 検査する人、される人とともに手を洗います。また金属類をはずします。テレビの側ではしないでください。

② される人は腕を体から二十センチ以上離します。利き手の親指と人差し指で丸く輪をつくり、力を入れます。そして検査したい物を利き手と反対の手でふれます。

③ する人は両手の人差し指を検査される人の指の輪の中に入れてから親指と接し輪をつくり、水平に引っ張ります。簡単に開いたらよくない。開かない場合はよいというわけです。

初めてOリングテストを経験した人の声（松井久氏）をご紹介します。

私の好きな言葉に「志」という言葉があります。しかし、この「志」に火つけ役がない時、常に維持することは難しく、時にはじり貧になってしまいます。

ここで私は高岡先生の講演を聞いて、この火つけ役はこれだ！「気」の活用にあると思いました。それはヒョンなことから講演の最中に「気の力」の実験のモルモットに私がなったのです。そして驚いたのです。

腕に木の葉の先を指側にむけて張った場合、指の輪の力が吸い取られてしまったのです。そう感じたのです。こんなばかなことが、と思い再度、実験をしてもらいました。結果は同じでした。私も若い頃は、腕相撲大会で優勝したことがある力自慢だったのです。

後で他の人がこれを見て「わざとやったんでしょう」といわれて、思わず「これは嘘じゃない」と大声を上げていました。

さて、力が吸い取られたと思ったら、今度は葉の先を私の肩の方に向けて腕に張りました。そして先ほどと同じように輪にしてある指に、先生が指を入れて、先ほどのように左右に引っ張りました。今度は何とテコでも動かない。そんな感じでした。力が吸い取られるどころか、今度は力が逆に入ってくるような感じです。力いっぱい自分で力んで入れているわけではありません。腕相撲のように。

ナノに、指は開きませんでした。

私は、この気の実験で「志」の火つけ役は「気」という生命エネルギーにあるのではないかと気づきました。

私は「私」をすればいい

「今日だけは」「違い」に　目くじらたてなさんな
みんな「違い」がある　だから人なんだね
それなのにワザワザ　他と比べて
肩を並べようと　気負ったり
負けまいと　肩肘張ったりしている
かと思うと　他の人はどう思うか　取り越し苦労　気にしている
はたまた　自分とは違う人の考えややり方を「認めようとしたがらない」
ただ疲れるだけ　なんにも得るものないよ

人と争わず　肩肘張らずに　私は「私」をすればよい
メイメイが自分の一番になるってことさ
人は　みんな「恐れや不安」を　もって生きている
それが人なる所以だね　例えば「強がり」がある
これは「恐れ　不安」の裏返し
〃今　いっていること〃
〃今　行なっていること〃を　よく自問すると　その根っこに宿る
「恐れや不安」が作用し　形を変えて現れているんだね
「恐れや不安」で　右往左往しているほど　人生　長くはないよ
「こうしちゃおれん」と　踏みきり　割りきり　思いきる
案ずるより　生むが易し　というではないか
「なーんだ、こんなことだったのか」と　心はスッキリ

一分間解説――力を抜けば、力が出る

図⑤を見て分かるように、AやBのエリアに偏っている、**恐れ**や**不安**のため、内圧

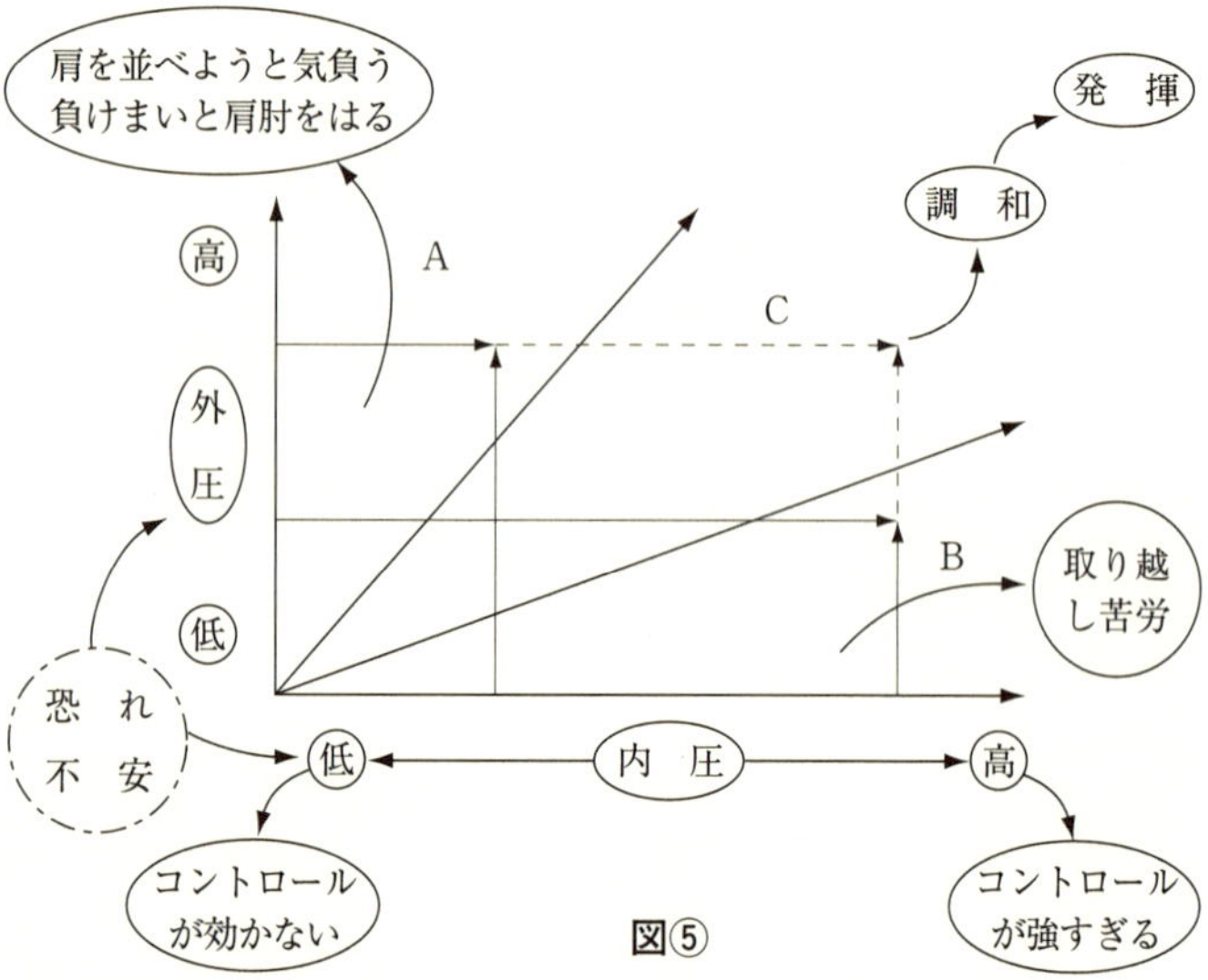

図⑤

のコントロールも不安定になっています。

ヤジロベーのようになることです。良いとか、悪いなどは一切不要です。ただ、あるがままに「力を抜けば、力が出る」が極意なのです。それがCエリアです。

石橋を叩けば渡れなくなる

「石橋を叩いて渡るべきである」、すると「予測される危機を避けられる」といいます。

しかし、今、そんな悠長なことといえる時代ですか？　石橋を叩けば、余計恐れや不安が増してくるんじゃないでしょうか。新しいことを実施しようとすれば、今までとは違うわけだからリスクをともなうのは当たり前です。

そこで「石橋を叩く」を**相対**の**かかわり**でみると、**慎重**と**臆病**になります。問題は臆病を前提にしてしまう。これが**原因**となってチャンスを逃しがちになるのです。今までとは違う、だから**新しい**のです。

存在するものは、**不完全**なのです。「こうしちゃおれん」と、割りきり、思いきり、踏みきってみる。いい変化、新しい意味と価値は、こうして生まれます。

●実践のコツ――自信を持つ観の転換法

「△△さえすれば、○○できる」と思いを新たにしてみると大きく環境が変わります。

よく知られた事例として、高橋是清氏のダンス練習の話があります。

「私などでも、踊れますか？」と尋ねた。すると「あなたは、歩けますね。歩け**さえすれば**踊れます」といわれ、大いなる自信をもって踊れるようになったと伝えられています。

「人前でもあがらずに話ができますか」とよく質問される場合があります。「いま話していますね。人前でも同じにできますよ」と自信をもってみたらいかがでしょう。

これから学びとれることは、「さえすれば」の条件を把握し、「できます」という結果の姿を把握し、「その気になって取り組む」ということです。

「未完了」は終わらせてスッキリ人生を楽しもう

あなたは**未完了**の積み重ねで、今日の生き方に尾を引いていませんか？
大なり、小なり、いい解決ができず、心の中に昨日の、いや、もっと前のヒッカカリがいたずらをして、今日の持ち分を発揮できない、という経験はありませんか。
「よし、これでいい」とスッキリできたらの**思い**ばかりで、こころが**重い**ことになっているのに気がつかないのです。
事実から派生する**評価**に「しがみついて」未完了となる。
事実を**あるがまま**に見られることが、必要かつ重要事項なのに、そうは、問屋がおろさないのです。事実から派生して、自分勝手な評価に惑わされている、のに気づかないのです。事実がオブラートされていることに気がつかないのです。

さらに悪いことに、それにしがみつくことです。これでは、未完了からの脱却は難しくなるでしょう。そこで、問題なのが評価というわけです。

例えば失敗したとする。これを**悲劇失敗**と評価し、受け止める。また上司は、この失敗をどのように受け止めるか心配だという。「しなくてもいい」取り越し苦労に憂き身をついやすのです。

本来は良くも、悪くもないのです。ある目的を達成するための、ある経験をしたわけです。それを「〜やりっぱなし」にするから、未完了となってしまうのです。

過去は変えられないが、未来は変えられる。

過去は変えるものではありません。無駄な努力はやめて「今日だけは」の生き方に変えるのです。これが、未来の大きな原因となるのです。

一分間解説――未完了の因を断つ

幻影を完了させる。その一つの方法は「経験を体験」に昇華し、新しい意味と価値を掴むことです。もう一つは「評価」とそれにともなう「しがみつく」という原因を瞑想で断つ方法です。紹介しましょう。

まず一分間、瞼を閉じ、思い浮かぶがままに任せます。頃あいを見て、目を覚し、思い浮かんだことをメモにします。

こうして瞑想、メモの繰り返しをします。だんだん思い浮かぶものがなくなってきます。そこでメモの一覧をよく見ます。事実と評価をチェックするのです。評価は余計なものです。

これは、一種の自分勝手という幻影にしかすぎないのです。「まっ、いいか」と「割りきり」完了させる。これであなたは、スッキリ人生を楽しめるでしょう。

「習慣だから」は「悪い変化」を呼ぶ

国会議員に初めて当選、新幹線に乗った。そしてグリーン席へ優待で乗れるという。「これでいいのかな」と最初の時思った。それが慣れるにしたがい、いつしか「当たり前」に……、あげく席がなかった時、「なぜ、いざの時の席を用意しなかった」と文句を、という体験談を読んだことがあります。

企業内研修である会社でのことです。

「それが今までの習慣なので、ちょっとやそっとでは変えられません」とソッケない返事です。組織そのものを老化させたりしている組織の人々の習慣や、ものの考え方と取り組む発想が大切なのです。

しかし、これが大問題なのです。楽しさを求めるならば常に「これでいいのか」「ならば、こうしてみたら」と、未完成そのものを楽しんでいく姿勢と実践こそが、イキイキ人生の素晴らしさを味わえるのです。

反面、今までの習慣に生きていると、人間らしさが失われてしまいます。

一分間解説——慣れの仕組みと汎化現象

物理の定義によれば「運動を始めた物体は、何らかの外部の干渉を受けない限り、一定方向の運動を続けようとする」といいます。これは我々人間にも、この物理の法則は、そのままピタリと当てはまります。

大脳から見ると、**慣れの仕組み**というのがあります。さらに心理学の面から見ると、条件反射とこれにともなう「汎化現象」というのがあります。

一言で表せば、条件によって引き起こされる反応が、だんだん拡大していくわけです。よく見られる、白衣を着た人から注射され痛い思いをする。すると白衣を着た人を見ると、泣き出す現象です。

最初はわずかのことであったが、だんだん要求が拡大される賄賂なども、その類になっているのです。

「これでよい」は悪く変化していることと認識しよう。

知っているのに、ついはまりがち「楽」あれば「死」ありの原則

肥えた人がフラフラ、ヨロヨロと歩いている。覚束ない足取りで、目は虚ろ、どこを見るでもない。ちょっと突かれたり、つまづくとすぐ転んでしまう。転ぶだけならよい。骨がグズグズになって、倒れ込む人がアチコチに。

そんな世の中、もうそこまできているんじゃないでしょうか？　そう思わせる昨今

です。その根拠はというと、楽、楽、楽としきりに楽を求める人々がいかに多いことか、ということでしょう。

あまり楽を求めすぎると、今はいいでしょう。いずれくる時は「悔い」の時になるんじゃないでしょうか。電車に乗る、すぐ腰かけたがる。まるで、餌に突進する動物のようにです。座席に浅く腰をかけ、脚を投げ出している人。いずれくる時は、腰痛の人になっています。

階段よりエスカレーターに乗る人。いずれくる時とは、脚が萎えて、いきたいところも思うようにいけなくなる人になっています。

四本脚から二本脚になったことが、いろいろなヒズミをもたらしました。栄養過多から上体のみ発達し、必要以上に肥え、地べたにしゃがみこんでいる人たち。これらを「ジベタリアン」と呼称した人がいます。

授業中、メモする学生が少なくなってきました。後で「メモ当てられなくなるのに……」

人生を楽しんでいる人は、楽しくなることをやっている

その逆に、苦と感じている人は、苦しくなることばかりしています。そして自分のせいではない、といい張っている。

あまつさえ他の人に責任を転嫁しています。しかし、それは誰のせいでもなく、身から出たサビなのです。

私たちは日常、大なり、小なりいろいろな問題にぶつかっています。そうした問題や出来事の連続であり、その解決に迫られている、それが人生だともいえるでしょう。そこで、いろいろ起こる問題の問題、それは**不安**です。うまく解決できなかったらどうしよう、という一つの危機場面です。

この場合、楽を求めたがる人は、逆に苦になっているのに気づきません。それは、不安から逃れる手段として**危**の方をとり、**危険**といって避けてしまいがちになります。ところが、その不安から逃げようとすれば、するほど不安が追いかけてきます。誰のせいでもなく、自分のせいなのです。

一方、**危**ではなく**機**の方を選ぶ人は、**機会**としてとらまえます。相対的な見方をす

れば、**不安**のもう一面は**安心**です。つまりウラハラの関係です。安心を求めて、**安全**に傾けば「これでよい」となります。

これは**悪く変化**したことで、大脳への刺激にはなりません。この傾向はボケへの序曲ともいえるのです。

ならば、不安に対しては、「これでいいのか」「こうしてみたら」とチャレンジしてゆくのです。神から与えられたテスト問題なのです。これを打開するごとに自然との調和度が高まってきます。

いうなれば、問題にぶつかれば、ぶつかるほど「さあ、面白くなったぞ」と、取り組んでみるのです。

一分間解説——行動優先の原則と認知的不協和理論

「面白くなったぞ」と行動すると「面白くなる」の原理・原則があります。

日常生活を振り返ってみると、「つまらなさそうな顔や態度で、何かをやっている」のをよく見かけます。そして、その通りの結果をもたらしています。

これを行動優先の原則といいます。すなわち、楽しく行動すれば、楽しくなるということです。

このことは「認知的不協和理論」にも当てはまります。「認知に矛盾とか不調和がある場合には、不快感や緊張が生ずる。その緊張や不快感を解くために不協和音を解消しようとする作用が起こる。その不協和を解消しようと態度の変容が起こる」という理論です。

例えば好きなものを、嫌いであるというように文章に書いてもらったグループと、嫌いなものを、好きであると書いてもらったグループに対しての実験例があります。これによると、約六十パーセントが態度を変えていた、というのです。

松下幸之助さんではありませんが「やってみなはれ」ではないでしょうか。

ウソをついているうちに、ウソとホントの違いが分からなくなってしまうということも頷けます。仏教では、「身・口・意」といいます。

「身」は「～らしく行動せよ」、「口」は「～らしくいう」、「意」は「～らしく思い考える」ということです。

もう一つ「因果の法則」も忘れてはなりません。プラスはプラスを生み、マイナスはマイナスを生む。消しゴム思考にさよならしようではありませんか。

「次のページをめくる楽しさ」を味わう「今日だけは」の生き方

今を振り返ってみてごらんなさい。

朝、起きた時には、まだこぬ時、**未来**という時間帯の中にありました。それが、**今現在**であり、それも一刻、一刻と時を刻み過ぎていきます。すると**現在**とは、**未来**が刻々と過去に移りゆく過程となっているのです。もう再び返ってこない時間です。例えば一分間、目を閉じてみましょう。

短かったでしょうか？　長かったでしょうか？

ある人は短いといい、別の人は長いというでしょう。今の心の姿がそう表現させているのです。その「心の姿」とは、**変えられない過去のコダワリを捨てる**。

一方「変えられる未来に目を向け、今をいかに生きるか」に**意味**と**価値**を見つけることが、次のページをめくる楽しさとでもいえましょう。

三章

〝転〟ずれば〝天〟に通じて開く

有頂天や絶望に陥ることなく「当たり前」を当たり前にやろう

易学には「乾為天」という卦があります。これは**飛竜天あり**ということで、竜が天に登っていく勢いにある、という意味とのこと。まさに**有頂天**そのものといえます。

しかし、それに酔いしれていると、見事なまでに落とし穴にはまってしまうのです。昇れば、次は落ちるよりないのです。

ＹＫＫでは、「ステップ、ステップでいこう」と提唱しています。これ**当たり前**のことですが、ところが、これがなかなかに難しいのです。ついいい気になって、欲の皮が突っ張ってくるのです。

すると見れども、見えず。ふと気がついた時は、その落差に呆然自失、**絶望**を感じてしまうのです。ならば、その中庸である**当たり前**のことをしていたら……、気も緩まず、気落ちもせず、楽しめるんですよ。

図⑥

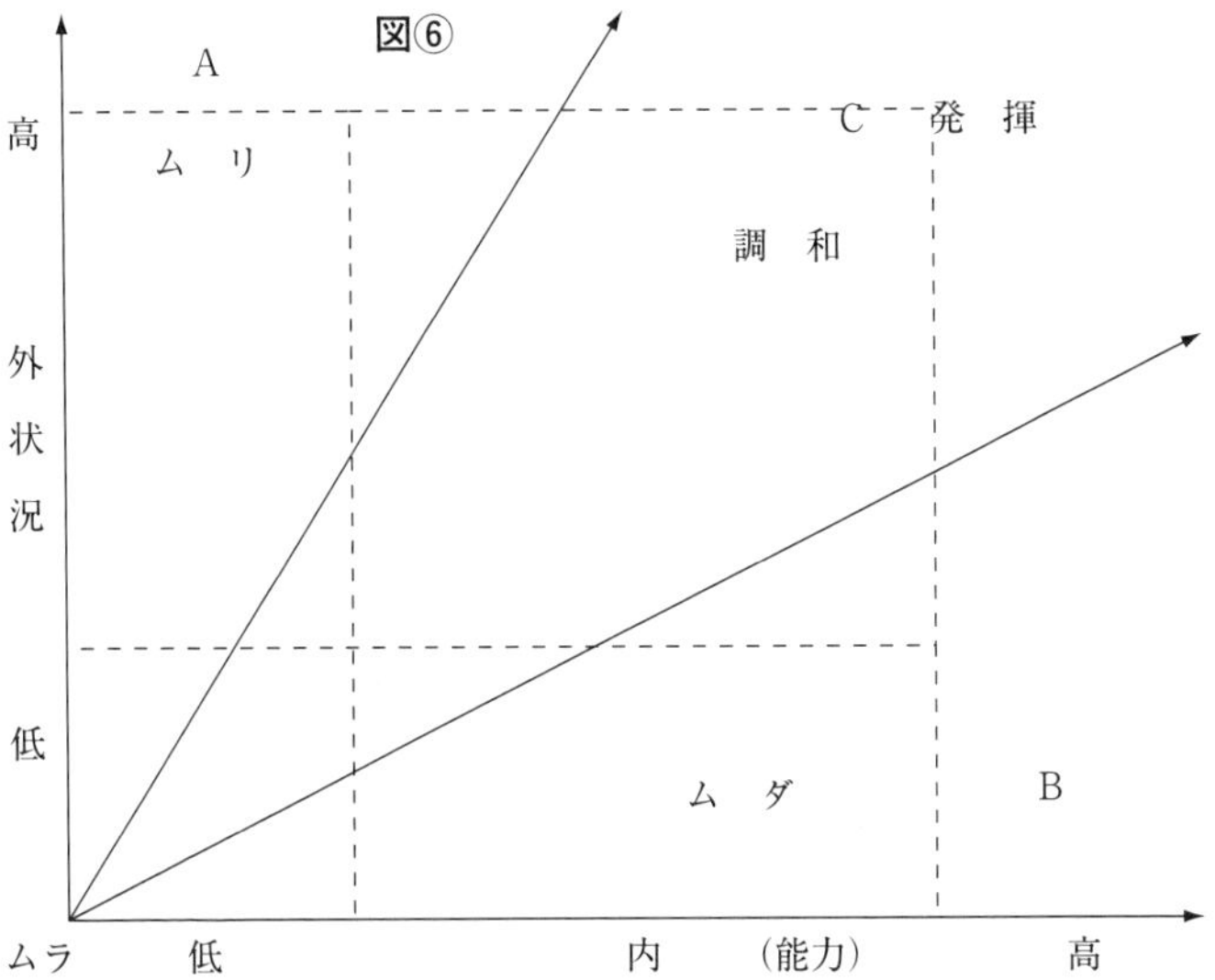

一分間解説――能率とは発揮すること

当たり前のことをしていれば、ムダ、ムリ、ムラが出ないのです。これを**能率**といいます。

字義から能率を見ると、「能」は、性能の能、または能力の能、次に率は、比率の率です。

まとめると、性能とか能力という固有するモチマエをどの程度表されたかをみること。能率とは、上げること、ではないのです。**発揮**することと定義できます。

図⑥で表してみましょう。

ムリ・ムダはムラを生みます。

Aは有頂天になり、状況もわきまえず、身のほど知らずの姿になっています。またはムキになって取り組んでいるムリな姿です。Bは絶望です。内に持っている能力を使いきれず、ムダづかいしています。そこでCです。偏らない調和のエリアで、外の動き状況に対応して**発揮**されたことを表しています。

これが**能率**というものなのです。当たり前とは、「能率の実践」いかんにあるかにかかっているかということになります。

山岡鉄舟の味わうべき言葉があります。「晴れてよし、曇りてよし、富士の山、元の姿は変わらざりけり」

「まさか、そんな、起こり得るはずがない」は〝ない〟と心得よ

問題点など提案したり、忠告したりします。その際の答にはおおむね「聞き置く」というケースが多いものです。それは、他人意識がそうさせているのです。

ハイジャックにより、前代未聞の機長が犯人によって刺殺されたという事件がありました。その動機が、犯人によって、検査を受けずに凶器入りのバッグを機内に持ち込めるという投書が、当該機関に届けられていたというのです。また報ずるところによると、労働組合からも危険性について指摘をしていたともいわれていました。

このケースの場合も、これらの動きに対し感ずることもできなかったのです。あまつさえ、これにともなう行動が一つも取られていなかったということです。

これらの情報を点でしかとらえられなかった問題で、私がよく指摘する「テン（点）で話にならない話」になるのです。それらの寄せられた「点」と「点」の情報を、何で「線」に結びつけ、「面」への展開がなされなかったのだろうかと思います。

「感じたら動く」とは、人間本来の生き方のはずだが……

「今日だけは」の生き方の中で、人間いかに多くの垢を心身につけ過ぎているか、考えさせられる「考えられぬ事件」といえます。

それは「感じたら動く」という人間本来の持つ生き方の基本のはずです。その基本が錆びついてしまったケースですね。
これは**探究反射**というものです。幼児期には、この塊まりみたいなもので、「感じて動いて」いるのです。

「考えよ」も必要だが、「感じよ」はもっと必要

ビジネスマン研修の中で、次のようなテストをすることがあります。

受講者の一人と握手します。そこで、やおら質問します。「何を感じましたか?」するると、とまどいの様子を示します。どう答えようかと「考えている」のでしょう。頭を傾けて……、そして答えます。

「先生の手を感じました」と、そこで私はいいます。「それは、あなたが今、頭で考えた結果の答です」

何を感じますかとまた問いかけます。何か考える風情、そして「何かを示そうとしているのを感じました」と答が返ってきました。

それも「あなたの考えた結果ですね。今、あなたが感じていること、考える必要はありませんよ」といいます。すると、アッという顔をして「暖かさです」と答えてくれます。

この実験でもお分かりいただけるように、「考え」に慣らされた結果といえましょう。

気功などを指導している時にも、なかなか気の感じが掴みきれないのが、ビジネスマンの人々に多くいます。

「私たちは、つい、それはナゼッ、と考えざるを得ない日々なもんで……」という答がよく返ってきます。

本書でも指摘している事実よりも、それを基に**評価**し、それに**しがみつく**傾向が「感じる力」を鈍らせているのでしょう。

刺激を受けて、陥りやすいパターンとして「省略・付加・歪曲」なども障害となりましょう。新しい意味を見つけ、新しい価値をつくるには、まず「感じる」ことを日頃の生活に取り入れメモすることです。

「感じたことか」、「考えた結果か」を「感じる」ことです。

●実践のコツ――オヤッと感じたらすぐアクション

これは、どのような場合にもただちに実践すべきことでしょう。「後の後悔、先に立たず」「後の祭り」など、知っていますね。しかし、やっていない人もいますね。いうなれば、ある兆候は結果です。だから**見える**はずなのです。

ところがキザシとなった**原因**が見えないので「まあ、たいしたことはなかろう」と、憶測で**決めつけ**無視してしまうわけです。

その壁を破るには「変だな、ナゼなんだろう」と追求することが肝要です。見えない原因探しをしているのです。そして何かに気づいたなら「念のため」といって「手繰りよせて」みるのです。その際、変な常識は用いないことです。

それは「これが現実というもんだ」、「世の中理屈通りにはいかないよ」、「そんなこと関係ないよ」、「予算がない」などと一刀両断とばかりに切り捨て、したり顔をして、相手をやっつけている。それは**当事者意識**欠如のなせる技なのです。

我関せずという姿勢から抜け出さなければなりません。何の働きかけもしなければ、当然、変化はない。これは、悪く変化したことといえます。このようなことによって、ハイジャク事件のように、とんでもない出来事が起きてしまうのです。「後の後悔、先にたたず」となってしまうのです。

すべての出発点は、その当事者になり、自分の問題として、本気になって取り組むことです。これによって「〜している」意識を持つことができるのです。

そして、それまで見えなかったものが見えてくるのです。自分の胸に手を当てて考えてください。「本気になって取り組んでいる？」と。

認め、受け入れ、変化したら、あるがままに受け入れる

これで病気が治るのかな？　など疑心暗鬼はおやめなさい。肯定的な自己宣言をすることです。

例えば、〇〇のエネルギーを活用して**よくなりたい**。それが実って**よくなった**と断定し、認めておきます。これが原因となり、よい結果をもたらす出発点となります。

この結果、多少ともよい結果がでたら、素直にそれを受け入れるのです。「〇〇のおかげでこのようになれた」と喜びを素直に表現する。こうした原因をつくると、ツキがつきやすくなるものです。

それを「これまでの薬が効いてきたのかな」と、新しい方法を認めようとしない。要するに、少しでもよい変化を見つけたら、素直にその変化を認めることが肝要なのです。

健康は向こうからは、歩いてこないものです。自分で歩かなければなりません。よくなったのは、あなた自身がトライした結果なんだから……。

あなたがもっと信頼しなければならないのは、あなた自身が持っている、素晴らしく大きな力なのです。

ただ問題は不安や不信、緊張、懐疑心などなどによって、本来の自然が持っている自然治癒力にカバーがかけられていることです。それを解き放てば「私のパワー」も満足げに発揮されます。

ともかく、あることを試み、その結果が表れたら「あるがまま」に認めましょう。その結果を、勝手な自分のモノサシで評価し、それにしがみついていたのでは、治る病気も治ることなく、苦は続きます。

身から出た錆とは、こういうことをいうのです。

「一＋一は一〇〇にも一〇〇〇にもなるんだ」「えっ、そんな」


0＋0の生き方は、なんとなく生きる罪とすでに紹介ずみです。一＋一＝二の原則は、すべては一より始まる、とこれも生き方の基本として紹介してきました。

そこでさらにつけ加えたのが一＋一は、一〇〇にも、五〇〇にも、いや、一〇〇〇にも無限の広がりを生み出す考え方なんです。

「えっ、そんな？」

一＋一＝二は、論理性の有効性ということです。これに対して、一＋一＝一〇〇は、どう見ても論理にあわない。こんな計算をしようものなら×になってしまいます。

しかし、こうした非論理性が有効性を発揮するのです。いうなればGOの発想といえます。論理性に偏ると「それは理屈にあわない」「前例がない」で、葬られるのがオチです。

頭に嵐を呼び起こそう

ある軍事行動を実行中のアメリカ陸軍の出来事です。

ある厳冬の朝、緊急の電話指令が必要となった。ところが通じないのである。距離にして東京と北海道の旭川間に渡って不通だった。これでは戦略上、大いに支障をきたす、ということで、早速、将校が十数名集められ、「頭に嵐を呼ぶ」会議の開始となったわけです。

電線に付着した雪のための不通である。相当ある距離の雪を電線から落とすには？という問題が出されました。

開口一番「棒で叩いたらどうか」と、まさに嵐を呼ぶに相応しい発言です。その後は、せきを切ったように次々とアイデアが出たというのです。後で採用されたのは「棒で叩く」と「ヘリコプターを飛ばす」のかかわりだったのです。共通は「振動で落とす」にあったわけです。

近くにあるものを断ち切って、遠くにあるものを結びつけよう

「熊ん蜂」の例があります。論理的な思考である航空力学からいうと、飛べない。しかし、現実には飛んでいる。こういう非論理的なことからヒントを摑もうというわけです。

そういうところから出てくるヒントは、一＋一＝二からは見つけられません。だから、時にはムチャなと思われるますが、ムチャだからこそ限界を破って思いがけない成果が得られるというわけです。

思わぬものが、思いがけぬことと結びついてビックリするようなアイデアが閃くものだということです。

その際、大切なのは**素直さ**といえます。今まで培った論理とか理屈にとらわれず「実相をあるがままに観る心」が重要となるわけです。

一分間解説――近くを断ち切って、遠くを結びつける四つの原則

近くを断ち切って、遠くを結び付けるには、過去の経験知識を解体結合することが必要です。

そのための「四つの原則」を紹介してみよう。

① いい悪いの批判は絶対にしないこと――いうなれば無分別のすすめです。もし、分別が生じたら、その前提は何かを問いかけてみる。前提であるモノサシを変えてみるのもよい方法です。

② 自由奔放を旨とすること――これも無分別のすすめです。途方もないことを思うのです。「こんなものがあったら」など、ユメでも希望でも、**待てよ**と思わず、まず発言やメモをすることです。また発想の世界では、「反逆の精神」をもって対処することをおすすめします。これはユニークさを生む秘訣でもあるのです。

③ 反逆に似たものに、「反対連想」の活用があります――例えば電話の反対は？と問いかけられて、どのように答えますか。これ「ナイフ」である、といったら、「えっ」と驚く人が多くいます。それは電話は「つなぐ」である。その反

対は「切る」となる。だから、「ナイフ」という発想ができる。これをユニークさ、独自性の発想といいます。

④他の異なったものの間における共通点を掴むこと――例えば「手と自己啓発」の共通点といえば、次のようになる。「手八丁」とか「手練手管」という「手法」にのみに陥ることなく、「あの手・この手」と「手抜き」せずに取り組むこと。つまり、手当たりしだいに実践することが大切なのです。

フッと閃いたらすぐアクション、後でする判断にこそ誤りが生ずる

分別といえば、無分別があります。閃きは、無分別からの信号なのです。**実相**かもしれません。

分別を使うと、「それはいい」「それは悪い」といいます。ところが、無分別にはそれがありません。つまり「あるがまま」に見ているからです。

なぜ、このような差が出るのでしょうか。それは、ある基準をモノサシとして、そ

れに対しどうなのかを判断しているからです。無分別には、その基準がありません。だからいいも、悪いもないのです。

無分別の世界から観ると、その基準がはたして妥当なのか、否かの検討をなくして、何がいいのか、悪いのかということになりますね。

しかも、さらに問題なのは、そのいい、悪いに固執することです。要するに、あるがままの事実をそっちのけにし、評価にしがみつく偏りが問題なのです。

偏りのあるのが分別、ないのが無分別

森政弘著『無分別のすすめ』に次のような紹介があります。

「私と同じ方の手を上げてください」といって聴衆へ向かって右手を上げる。すると、ほとんどの方は右手を上げている。

これが分別の世界です。右手を上げたのだからそれと同じ手を上げる。これが正解ということです。しかし、こんな場合、上げたのは、右手であると同時に南側の手で

ある。

すると、右手をモノサシとしてみれば、右手を上げた人が正解だし、左側の方だと判断したら聴衆と私とは相むきあっている結果、左手の方が正しくなる。つまり、「私と同じ方の手」というのはどちらでもいいということです。

これは**面白い、大発見だ、活用してみよう**とした人は、実にスバラシイのです！

転ずれば閃き、発展（ひらく）

要するに分別から無分別へ、そして無分別から分別へ。こうした思考の転換が、天に通じ、閃きとなって現状打破という発展（ひらく）に役立つことになるわけです。

これに関連して興味を引いた新聞記事があります。一九九九年九月二六日の読売新聞コラム欄「よむサラダ」にフランス文学者の鹿島茂氏が次のような指摘をしていました。

最後の行の締めくくりに「景気は気（＝心）である。我々の大衆心理の分からない景気対策は無意味である」と。

そのいわんとする提案は「個人に必要経費を認めれば、大いに景気向上するはず」であった。意図を要約すると、大幅な利益が出ると「必要経費で落とそう」という発想がまかり通っていました。これにより、いうならば無駄づかいをジャンジャンしていました。これが金銭の循環を促し、景気上昇の支えとなっていたのです。

バブルがはじけた後は、利益の幅が縮小する。すると税金の額も減る。すると必要経費で落とすことも必要なくなる。すると企業の無駄づかいもなくなる。結果、景気低迷の一因ともなる。

こうした気の流れを掴めば「必要経費で落とす」という発想を、個人レベルに適用してみたらと転換してみることです。

例えば、衣料控除を認めるとします。十万円衣料を買えば、税金が一万円戻ってくる。そうなったら、九万円しか買っていなかったら一万円余計に衣料を買うはずです。経済学の分別より、よっぽど景気向上に役立つ発想と思うわけです。

特にヒントとして、人の持つ気（＝心）に着目した発想がユニークです。一例ですが、教育の抜本的解決には、「気」を活用してみることで打開ができるかも知れないのです。

視点は「気＝心＝命」としてみます。さらに「命＝かかわり」となります。その意味と価値を考えさせたら、おもしろいことができると思いませんか。

▨一分間解説――かかわりは「気」、気は「心」、心は「命」なり

かかわりといえば、一遍上人の行状記に出てくる「心遍・身遍・无障碍」という言葉に引かれます。

なぜかといえば、このいわんとすることは満遍なくアラユル物に心を通わせれば、身は自然に動き出すものです。しかも、心を尽くして行動するもののゆく先には「无障碍」となって実現できるのです。

要するに、障害の排除が行われ成果を達成することができるようになる、ということではないか、と思います。

これぞ**気配り**であり、**心配り**にかかわってきます。草花でも、話しかけながら手入れをするという心配りが、花の**命**を発揮させるのです。すでに指摘した**能率の発揮**ともいえます。

「もう十二時よ」と妻がいい、「まだ十二時か」と夫がいう

このもうとまだには大きな意味が含まれています。これが、その人の本心を表しているのです。と同時に、その人の行動をも左右する「ウッカリ魔術」となるのです。

森鷗外の家で、内田魯庵が話し込んで夜遅くなった。その時、鷗外が「今、何時だ？」と隣室へ声をかけたら、女中が「もう十二時でございます」と答えた。そうしたら鷗外は「十二時なら十二時ですといえばいい。『もう』だけ余計だ」と叱ったといいます。

精神分析家のフロイトの考えからいくと、押さえつけられていた欲求や感情が、ウッカリしたために、ちょうど水面にポッカリ浮かんだゴムまりのように、おもしの下から顔をのぞかせた、ということになりましょう。

「早く帰って貰いたい」という欲求感情といえます。するとまだには、心の余裕がみえます。

「急いては事をし損じる」という諺もあります。

しかし、ウッカリすると、怠けにつながり、後で慌てる始末になります。さらにいぶかって考えると、**もう**のほうが「こうしちゃおれん」の気を促し、行動へのアクセルとなります。

ただ、ここでもう一つ重要なことを認識しなければなりません。それは、**もうもまだ**もいわないということです。鷗外がいったように「十二時です」でよいのではないでしょうか。

同じ物を見ても、表すことに違いが見られます。それは、心の奥底にある欲求感情によって左右されているからです。

こうした感情が、事実から派生する評価となって表れ事実を歪めるのです。しかも、その評価に固執する傾向が強いのです。

「あるがまま」に生きるためには心すべきことです。

目先の出来事に一喜一憂して、人生の勝負をハヤク決めるのはやめよう

「人生は、あざなえる縄のごとし」といいます。終わってみないと分からないのではないでしょうか。その「人生は」の部分に、人生で味わう言葉を入れてみると……。

「禍福は、あざなえる縄のごとし」
「気持ちの浮き沈みは、あざなえる縄のごとし」
「成功と失敗は、あざなえる縄のごとし」

などなどが指摘できます。

これらから生き方についての新しい意味と、価値を見出すことが人生を左右するのです。それは、今ここで起きている出来事に対し一喜一憂しても始まらないということです。

「これは私に何かを知らせようとしているサインなのだ」ということです。良きにつけ、悪しきにつけ、意味と価値を捕まえることです。

鏡の自分を初対面の人として見た印象を語ってみよう

「あの人を見ると、つい私まで暗い気持ちに引きずりこまれてしまうんですよ」と、ぐちる人がいる。

実は、そういっているご本人が、他の人から同じようにいわれているのに、気がついていない。こんなケースがよくあります。

「人のふり見て、我がふり直せ」です。

ここで、無料の自己発見法を紹介しよう。

鏡を見る。その中に写っている自分がいる。その自分を、「私であって、私ではない」という見方をしてみる。

さらに分かりやすく説明すると、ある人が自分の方に向かって歩いてくる。その人は初対面の人である。

さあ、その人を見て、あなたはあなた自身をどのような印象で受け止めましたか？

◎一分間解説――他人の行為が気になったら自分の心の反映

大体、自分のことは案外知らない、ということは、人間の性のようなものです。「私がこうなった原因は、Bさんにあるんですよ。私は何でもないんです。なのにBさんが、私を嫌っている」と。

このように「Bさんが私を嫌っている」といっているのは、「私はBさんが嫌い」といっているのと同じなんですね。

この現象を心理学では**投射現象**と指摘しています。そこでカワル→ワカルの実践をしてみます。その根拠は二十七頁で紹介した「茶柱の教え」があります。念のために要約して示しましょう。

この「投射」というのは、自分の抑圧された不安や欠点を認めたくないため、無意識に抑圧される。一方、その欠点を相手が持っているように思い込むことから起こる心理現象です。

「名詞」化というレッテルを「動詞」で見たら……

自分の子供が試験の答案に十点の採点をもらってきた。それを見た父親は問答無用とばかりに、ポカッと頭を殴った。

ところが、十点満点だと分かって、またポカッとなぐったといいます。満点をとったというのに二回も頭を殴られた子供は災難です。

こういうのを**レッテル**で現状を見たことによる誤りというのです。ありのままに見ることができなくする要因といえます。

このレッテル貼りを、私たちはつい気軽にといってもよいくらいにしてしまいがちなのです。

言葉をかえれば、**動詞**であった現象を**名詞**化し、決めつけて、真実を曇らせ泥沼にのめり込んでいるのに気づかないでいるわけです。では、その例を見てみましょう。

「私は先日、大勢の前で話しをしている時でした。あるところで、いおうとしていた言葉が思いうかばなかった。アセりました。慌てていおうとしたら、ドモってしまったのです。それからは、よくドモルようになっちゃいました」

いうなれば、ここまでは動詞の段階にとまっています。この後が問題なんです。「こんなドジを踏んで、大勢の前で恥をかいてしまい、情けなくて、あれ以後は、何をやっても上手くいかず、劣等者の烙印を押されたようなものです」

私＝劣等者、ということになってしまったのです。これを「名詞」化といい、自分で勝手に自分をがんじがらめにしてしまっているのです。

動詞で見たら、ど忘れ、誰でもよくあることです。それに慌てたまでのことで、思い出そうとすればするほど思い出せなくなるものです。

こうした場合は「思い出したらいいます」と構えないで、ありのまま、いえばいいのです。

「問題は私でなく、あの人だ」というキメツケは「問題だ」

例えば、「成績が悪かった」という場合です。

「あの先生の教え方が悪かったから、こうなってしまったんだ」、「設備が不十分だったから」など、自分のことは、スッカリ棚上げして責任の転嫁をしています。

こうした自分にとって都合の悪い結果がもたらされると、「私には、問題はない。問題は○○だ」という態度をとることがあります。こういうのを**問題のスリカエ**といいます。職場でも家庭でも学校、いや人生いたるところに問題のスリカエが見られます。

部下・子供など自分がかかわる人が、問題を起こした場合、「私のやり方のどこに問題があったのだろう」とまず、自己に問いかけることからはじめようではありませんか。この態度は、おのずと相手にも影響を与えます。

一分間解説――認知的不協和理論のなせること

経験によって得られた認知と現状との間にギャップが生まれると、その認知に不協和が起こります。こうした場合、現実の世界が、自己の動機や経験と一致するように行動がデザインされることがあります。

この表れの一つが**問題のスリカエ**ということである。これは、アメリカの心理学者L・フェスティンガーによって理論づけられました。肺がんとタバコの関係を知ったとしても、喫煙を続けることの理由を見出して愛煙家は吸っています。

ともかく不協和というのは、心理的に不快であるから、その不協和をなくし協和しようとします。これが問題のスリカエをしたり、その情報を回避してしまうのです。

「金を与えずに、物は買えない」の原則と「呼吸」の原理

欲しいと思ったものを買う時、お金をまず払います。これは誰でも分かっています。「呼吸」は誰でもしており、その恩恵を受けています。なのに、これらの原理・原則を活かしている人が案外少ないのです。

まず、**呼吸**の字を見ると、呼（息をはく）、吸（息をすう）の順となっています。息を吸おうと思わなくても、息を吐き出せば、自然に吸い込めるのです。これは自然の摂理です。

ところで、息をはくのに、なぜ「呼」という字になっているのでしょうか。

「オーイ」と人を呼ぶ時、どうです。息をはいていますね。英語でも「ギブ　アンド

テイク」といいます。テイク（得る）ためには、ギブ（与える）ことが必要です。こうした原理、原則から日常の人間らしい生き方のいくつかがクローズ・アップされます。例えば「人を好きになろう」とするにはまず、「こちらから好きだ」ということを**与える**必要があります。

次にいくつか参考例を挙げてみましょう。

① 挨拶を与える――「おはよう」「失礼します」「ありがとう」「ご苦労さま」など。この頃、挨拶が少なくなったのは人間砂漠の感がして寂しいものです。

② 考えを与える――「これについてあなたはどう思う」と質問したり、相談をもちかける。

③ 称讃を与える――いい点に気づいたら、後でといわず、すぐ具体的に指摘して褒める。

④ 理解を与える――相手の言葉の意味と、その背景の感情をくみ取るようにする。

一分間解説――よく〝聴く〟と〝効く〟ことになる

「理解を与える」というのは、なかなか難しいので、少し解説を加えてみましょう。

「私は話し下手でね」というコトバは、よく聞きます。しかし、「私は聞き下手でね」というのは、全然聞いたことがありません。

実は**聞く**でなく、**聴く**が重要なのです。すると、よく**効く**のです。どんなに話し上手であっても、相手の話について聴く耳を持たなかったら、「うまくまるめこまれた」となります。

相手が、自分の話した内容とあわせ感情をよく理解してくれていると受けとめると、心を開いて話してくれる。すると、その人の心にあるわだかまりなどが発散されます。これをカタルシス作用といい「ものいわぬは、腹ふくるるわざ」の解消策ともいえます。すると相手に防御姿勢がなくなってくるのです。

さらに大切なことは、よく聴かれると相手は、自分の話したことを自分の耳で聴くことになり、自分自身の考え方や態度を自分で見つめなおすことになります。

それは、自分の話している内容の矛盾に気がついたり、よりよい方法の気づきが起こり、みずから問題解決できるようになれることは、特筆すべきことです。

ではどのような聴き方をすればよいのでしょうか。相手の話したことで、ここに何かありそうだな、と感じた部分についてフィードバックするのです。簡単にいえば、いわんとしている内容とあわせ、その中に作用する感情を確認するということです。「今、あなたがいわんとされる気持ちは、〇〇ではないかと、私は受け止めましたが、それでよいのですか」ということになります。これが「理解を与える」コツです。

他人を指させば、三本の指は自分に向いている

「あの人は、何でこうも私に嫌がらせをするの。もういい加減にしてよ。こういう人、私が一番嫌いな人」と相手のことについて指さしてごらんなさい。人差し指は、相手に向けています。「あの人の私に対する嫌がらせ。だから嫌い」

一方、自分に向いている三本の指の意味は？　相手は鏡、そこに自分の姿が写っているというわけです。

嫌がらせや、憎しみをしているのは、自分の方なのです。しかし、これを自分が認めるのには不安を感じます。

このため、その憎しみを相手に投射して、「彼が私に嫌がらせをしている」のだと、

無意識的に自己をかばっている、ということになるのです。批判している人こそ批判をうけなければならない。ともいえるのです。

▨一分間解説――他人は「自分の鏡」

他人の行為が気になるのは、自分の心の反映というわけです。次のような実験があります。

「ケチンボ」「頑固」「不従順」「はにかみや」という四つの欠点について、相互評価（お互い相手に対して評価する）を行わせます。

これによると他人から「けちんぼ」と高く指摘されている場合、ほとんどが自己評価は甘くなっていました。しかも、おもしろいことに、他人には「けちんぼ」を辛くつけていた、というわけです。

これを心理学では「投射」といい、自己の抑圧された不安や欠点を認めたくないため、これが無意識的に抑制されています。

一方、その欠点を相手が持っているように思い込むことから起こる心理現象です。他人は「自分の鏡」と銘記しておきましょう。

一分間解説──OK牧場の建設をすること

この根拠は「交流分析」といい、精神分析の口語版ともいえるものにあります。これを相対性のかかわり、図⑦を活用した**田の字思考法**で紹介してみましょう。

縦軸に「自分」、横軸に「相手」を設定します。次に漢字の「田」の字を書き、それぞれにA・B・C・Dと記入します。

次、CとDの縦部分上にOK、下にNOと記入、同じく横BとDに、OK、NOと記入します。これにより、「あってはならないこと」と「あるべきこと」がクローズアップできるわけです。

まず、「あってはならない」相手との「かかわり」図を見てみよう。

それはDです。「私はNO、あなたもNO」という**自閉の構え**で、周囲に関心を払うのを面倒がるかかわり方です。

次はCです。「私はOKだけれど、あなたはNO」という**独善の構え**です。相手からの反対意見を嫌い、やっつける。また、自己中心的で、責任を他に転嫁したり、他人の欠点を指摘します。

図⑦

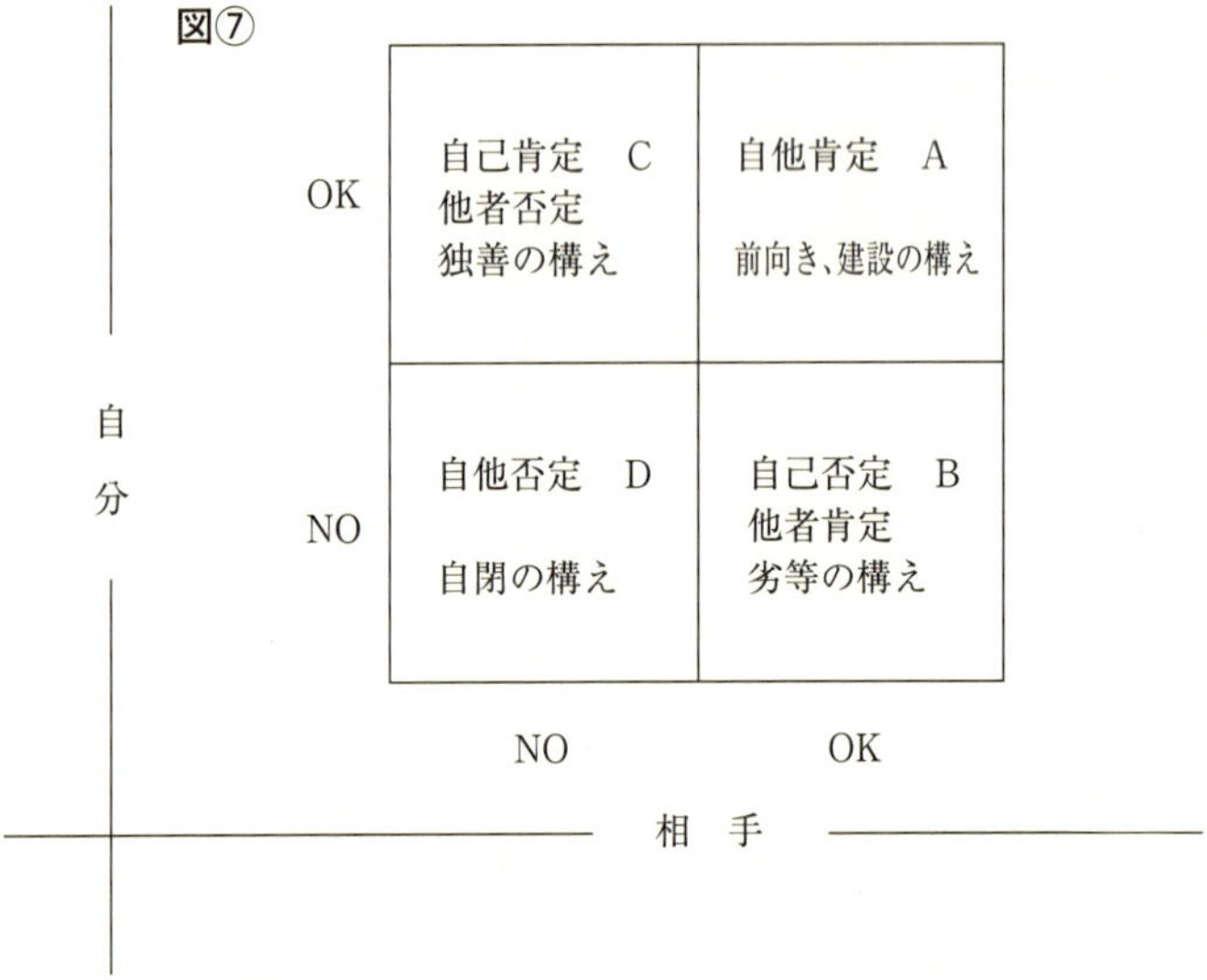

次のBは「私はＮＯだけれど、あなたはＯＫ」という**劣等の構え**です。これはご機嫌とり、情をかけすぎる、周りのことばかり気にするなど、自分の主張がありません。

そしてAが「私も、あなたもＯＫ」という**ありたい姿**となるわけです。

率直で、近づきやすく、高い期待を持っている、成功しても自分の手柄にはしない、失敗すれば、自分で責任をとる、誤りからでも何かを学び取れるよう援助する。このAの構えというか、人生態度をもつことを「ＯＫ牧場」の建設というのです。

そのためのヒントは**存在**の意味する

「かかわり」と「不完全」です。

「私も不完全、あなたも不完全」という前提で、お互い足りない部分を**補い合う**ことが肝要となります。

これが、相手に防御姿勢をとらせないことにつながるわけです。そのためには「聴」の字の意味をくみ取ることです。

それは、耳を王様にして（耳を主として）、十四の心（諸々の先入観念）を、一にする（なくして一体）となることです。

四章

気を落とし、気枯れている人に気が効く法

「あなたは本気になって何かをした」と、胸を張っていえますか？

本気とは、冗談や遊びでない真剣な気持ちで物事に対応することを言います。「冗談じゃない。そんなことやったら疲れるだけ」という声が聞こえそうですね。私からいわせれば、本気でない、中途半端の方がよっぽど疲れるんじゃないかな、と思います。「手抜き」の「反作用」は必ず返ってきます。「身から出た錆」という言葉があります。「人を呪わば、穴二つ」という言葉もあります。

ここでいっちょ、自分が抱えている問題に対して、本気になって取り組んでみることです。すると、不思議に智慧が浮かんできます。要するに「閃き」ということです。「夢」まで表れてきたら本物でしょう。

◎一分間解説——「鞍上、人なく、鞍下、馬なし」と本気

「鞍上、人なく、鞍下、馬なし」という言葉を知っていますか？

これは、本気の状態を表した意識と潜在意識のかかわりの状況を示した表現です。心の二重構造を次のように示し、そのかかわりの姿を示してみよう。

$$\frac{\text{意識}}{\text{潜在意識}} = \frac{\text{騎手}}{\text{馬}} = \frac{\text{意思力}}{\text{想像力}}$$

①健康を害する馬の乗り方――騎手が馬をいじめている場合になります。馬はへこたれ、人の持っていない力強いエネルギーの消耗はなはだしく、ウマ（馬）くいかなくなってきます。よくいわれる自律神経失調がこれにあたります。

②手綱さばきのあり方――騎手の技術が未熟だと、馬はばかにして信頼せず、本来持っているエネルギーを発揮しません。場合によっては、騎手のいうことなど聴きもせず、乗り手を振り回し、落っことしてしまうことにもなりかねません。これも、ウマ（馬）くいっていないかかわりといえます。

③馬に妙技を発揮させる――こうした違和感をなくすためには、騎手が馬の身になって、世話をすると、馬はそれに応えて人馬一体という息のピッタリあった

状態になります。つまり「鞍の上に人なく、鞍の下に馬なし」という協力により、強力なエネルギーとなり、障害物を乗り越えてしまうという妙技を発揮します。これが本気になった時の、心の二重構造のかかわり方です。心がけることは「こうしちゃおれん」と踏みきることです。

●実践のコツ――本気になるコツ①

「何のため」の追求と「何を得たいのか」の期待を明確化する手順は、まず「何のため」にするのかという**目的意識**の追求をしておくことです。目的だと思ったのは、実はもっと前にある目的の手段であった、ということがよくあります。枝葉の目的（手段）に振り回されないことが重要です。

その際、注意することは、この目的を達成することで何を得たいのかという「期待」の明確化にあります。この「期待」がない目的には、精気が宿りません。だから本気になって取り組めないのです。ともかく「目的」と「期待」のトコトン追求を心がけることです。

図⑧

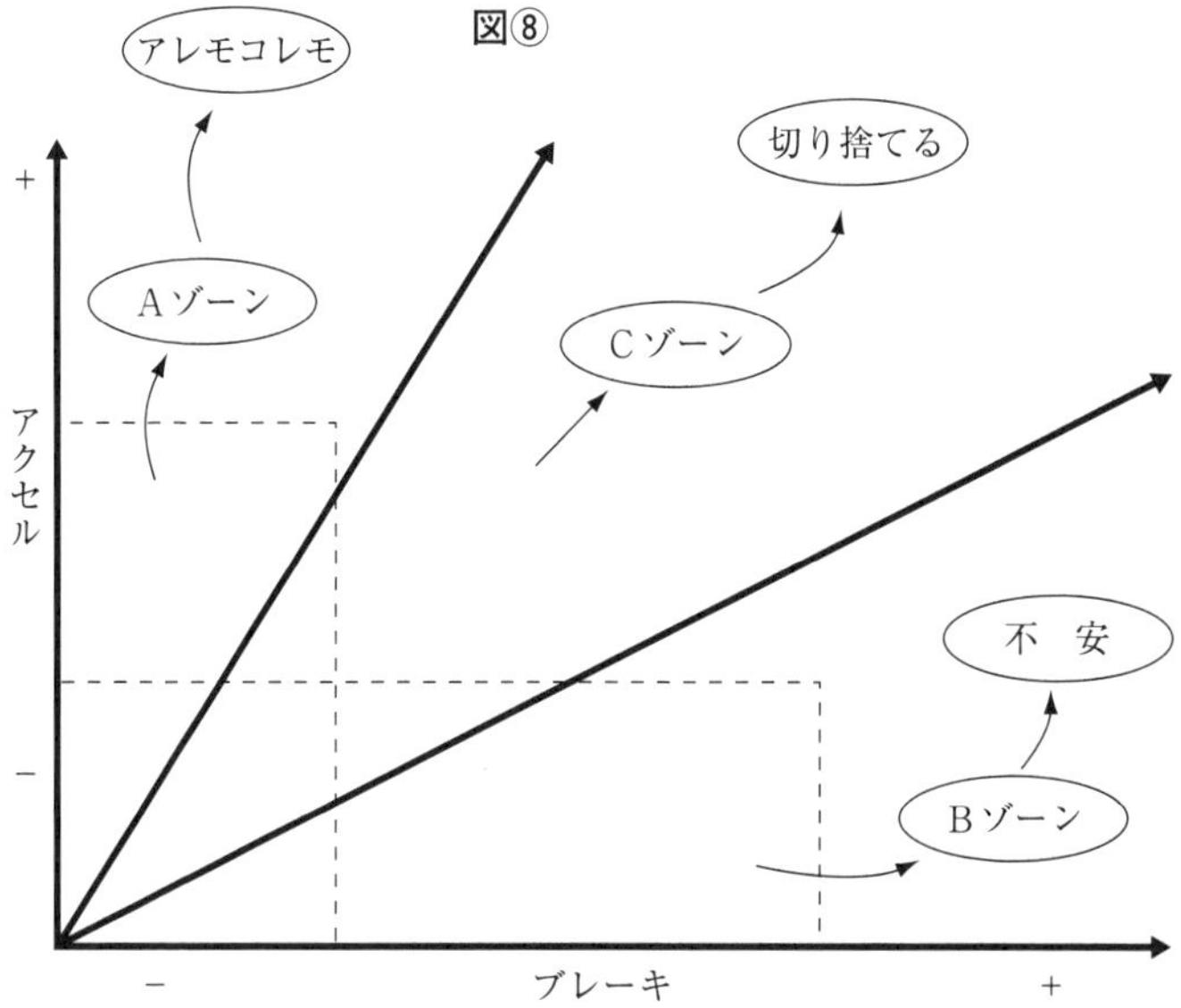

●実践のコツ——本気になるコツ②

迷いが出たら「切り捨てる」勇気も必要です。

自動車の運転には、「アクセルとブレーキ」のコントロールが必要です。これを図⑧の陰陽「相対図」で考えてみよう。

まず、Aゾーンです。ここはアブ蜂取らず、ということになりがちです。中途半端、「骨折り損のくたびれ儲け」となるということです。

Bゾーンは、ブレーキのかかり過ぎです。することより、することで起こるであろう、まだ分からないことに恐れを抱いてしまうのです。この**恐れ**というベクトル（力学でいう力の方向と強さ）に引きずられて、達成を妨げてしまっています。

いずれも力の入りどころを誤っているわけです。その入れどころとは、アクセルとブレーキにあるわけです。特にブレーキの使い方にあるのです。

力を発揮するに際し、「易きにつきたくなったり」「億劫になったり」「面倒だな」という方向にアクセルがかかったら「ブレーキ」をかけるのです。

これを「切り捨てる」勇気といいます。「何のため」と「期待」とで追求し、これこそ重要というものを選び出す決断と、その過程で起こる迷いなどアレも、コレも捨てまいと執着していては、一つのことも達成できません。捨てる勇気が大切なのです。

同じものを見ても、受け止め方に違いが生まれる

まず同じ「こうもり」を見ても、このような違いが見られたという詩を紹介してみよう。

こうもりを　　みつけた
あおぎりの　　むこうをとんで
せみのように見えた
おいかけてみても
まほうつかいのように
きえてしまう
アパートをくるりくるり
まわって　　つばめのようにとぶ
もりのむこうに　　まん月がでた

これは（一九六四年、朝日新聞『小さな目』より）日本のある少年の「こうもり」と題する詩です。

次はベトナムの少女が「こうもり」を見ての行動は、次のようなものでありました。

こうもりが火薬庫から飛び出すのをジーッと見ていたベトナムの少女は、こうもりをとらえ、それに火薬をくくりつけ、発火させ、こうもりを放った。驚いたこうもりは、その帰巣性に従って、火薬庫めがけて舞い戻った。数秒後、米軍の火薬庫から轟然と火柱が立った。

これは『自分を越える思考』（鈴木成裕著、同文館発行）に指摘されていたものです。この詩を読むと、詩的世界の想像と行動の手段を発見したこととの違いが見られます。そして、詩的世界の方は、日本とベトナムという「場、状況の違いによって」受け止め方に違いが生じているのが分かります。

また、「目的をもって状況や対象を見る」ことによる違いが摑めるでしょう。

この「こうもり」を見ても、違う受け止めが見られることから、学びとれることは、意見が違うからといって敵対視したり、反発したり、拒否、無視したりすることは矛盾があるのではないでしょうか。「こういう見方があるんだなあー」と視野を広くしていくことです。

(A)

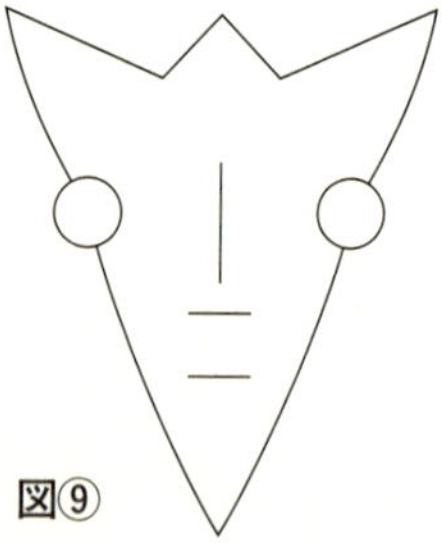

図⑨

次の図⑨を一秒ぐらい見て、すぐ本を伏せてから、今見たものを紙に書いてみてく

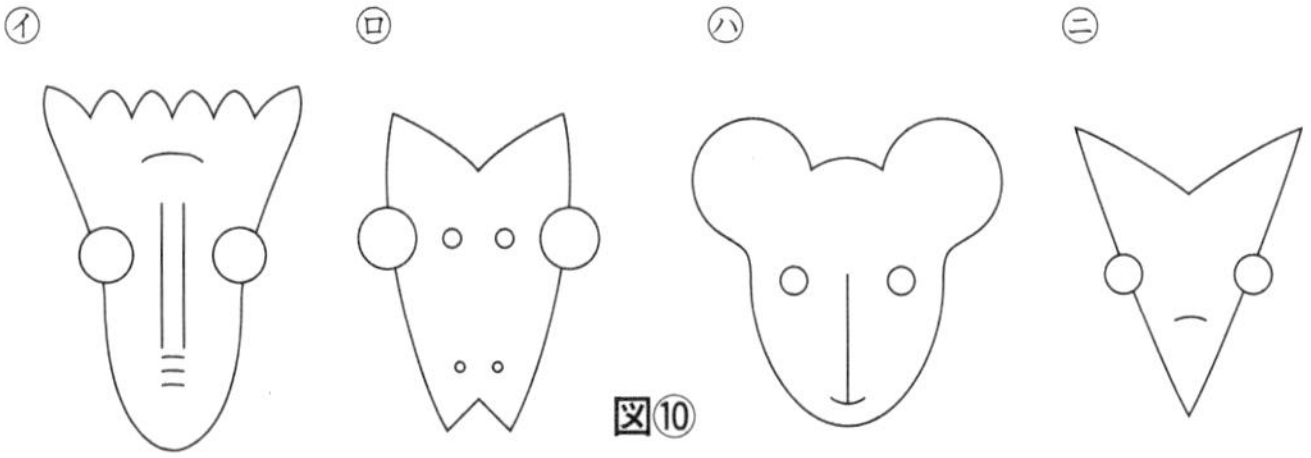

図⑩

ださい。

では、本を見直して見てください。同じように書けましたか？

これを黒板に書いてから、すぐ消して、書いてもらうのです。すると、同じものを見たはずなのに、いろいろな違いが出てきます。いちおう今まであった中でのいくつかを参考に紹介しましょう。

まず「付加」ということが分かります。図⑩のイ、ロなど原図にないものが付け加えられています。

また「強調化」といってもよいでしょう。「なにか角のようなギザギザがあった」とか「なにか目玉のような丸いものがあった」などと印象に強く残ったものがクローズアップされるのです。また逆に「省略化」も発見します。ハ、ニがこれに該当しましょう。

それから「意味づけ」ということもあります。「なにかクマのような顔だった」と。

とにかく、人というのは、「付加」「省略化」「強調化」「意味づけ」など歪曲する傾向にあることも受け止めの際の注意すべきことです。

自分・他人へはもちろん森羅万象に対して「質問魔」になるすすめ

子どものころは、何を見ても不思議なのでしょう。よく親を困らせるものです。その典型が「ナゼ?」ですね。親は別に何の疑問も感じていないのに、子どもから「ナゼッ?」と問いかけられて「あれーそういわれれば、ナゼなんだろう」と答に窮してしまうという経験がありましょう。

成人するにつれ、その質問する力といったものが、だんだんなくなってくるような気がしております。

私が講義や講演などで質問の時間を設けても、なかなか手を上げてくれません。

こんな場合「全然分からなかったので、質問のしようがなかったのでしょうか」、それとも「よーく理解できたので、質問することはありません、のいずれかですね」などといいながら間をとったりしています。

本来、大脳には**探究反射**というのがあります。その反射を目覚めさせるための**かかわり**言葉を活用すれば、自己発見に役立ったり、他人に対する質問で相手自身の気づきに役立ったり、質問者自身の理解度が深まったりできましょう。

さらに森羅万象に対する質問は、自問自答ということで、私がよく指摘をしている新しい意味と価値の発見に効果を見出せるのではないでしょうか。

質問のキッカケをつくる表現例に次のようなものがあります。

《例えていうと、具体的にいうと、それはどういう意味か、どのような影響や結果が現れるか、何故このような見方や態度が必要なのか、これらの根底に流れるものは、この強みは、なぜ強みになるのか、なぜ弱みか、なぜ弱みになるのか、その根拠は、その逆は、どのような時になるか、これらを通しての共通点と相違点は》

これらはいろんな意味で役に立ちます。

「楽をしすぎると苦になる」こと分かってる？

苦しみを避け　楽を求めてやまない
快さを味わいたいのであろう
だが　本当に快いことが味わえるのかな　それははなはだ疑問だ
階段よりエスカレーターを利用する　楽だもんね
ところが　その反作用に気づいていない
「楽あれば、苦あり」ということ
歩くことが　人間本来の姿　自然のあり方
すると　歩かなければ心身の　不調和を招きましょう
その一つ
例えば　脚が弱くなる　腰が弱くなる
頭の不調和は　血の巡りを悪くする
腰かければ　浅くかけ　脚を投げ出し　脚を組む
これでは背骨を不自然に　曲げることになる

誰のせいでもない　苦しみをひたすら　自分でつくっているのさ
背骨は人間の中心　その中心が狂えば「存在は、常に変化する」で
考えてごらん
ある細胞の変化は　他の細胞にも変化を及ぼす
血の巡りが悪くなり　神経の伝達も鈍い
もちろん　身体のすべてを動かす　気の働きにも支障をもたらす
身体の不調やボケはこうして表れる　誰でもない　みんな自分の責任だ
楽チンを求めすぎるその反作用は？

ある電車の中でのこと――パートI
私の席の隣に半人分幅の席があいた
とすると　高校生くらいの男の子の母親　ここは七人掛けよ
空いてるから　そこに掛けていいのよ
声かけられた男の子　尻圧よろしく　こじ開けてきた
脚を開き　腕を組み　耳にはイヤホーンで

ボリュウムいっぱい　外にもれて煩い
「七人掛けだから、大丈夫よ」　これはないでしょ
肥満体も多く　身長もある
しゃくし定規には　いかないよ
犬もワンと鳴いて　パターンとたおれるよ
状況に応じて対応することだね
楽をさせたい　楽をしたい　ただ我欲の亡者ども
楽をすることの反動で　こんな世の中になるんじゃない
フラフラ歩く人　人　人……
ちょっとぶつかったら　躓いて　転んだ
とたんに骨が　バラ　バラ　バラ　崩れ落ちる
人　人　人　人の山

ある電車の中でのこと――パートII
車内には　立っている人はいない　入口を入り

一つ前の車両へと通路を通っていた時のこと
幼児を乗せた乳母車に　私の手が触れた　途端私は「あっ、失礼」と
その両親らしき人に顔を向けた
その時　私の目に飛び込んできた　父親の表情と態度に
ビックリするやら　頭にくるやら
わが子の乗る乳母車を摑み　私を睨みつけているその目
「あっすいません、手は大丈夫ですか」ぐらい　言えないのかねえ

車内にはたくさんの教材がありますね。

気の中にいて気の働きを知らない、まして気の活用も知らない

まず、質問します。「あなたは人間か?」と問われたら、何と答えますか。
多くの人は人間だ、と答えるでしょう。そうですね。間違いありません。では、重

ねて質問します。

「その人間は、何でできているのですか」、「約六十兆の細胞からなっている」と答えられたら立派なものです。では、たたみかけます。

「その細胞は何でできていますか」と、答えられたら立派なものです。

「原子、分子、電子のように構成されている」ということです。万物はこの無限に小さなものが集まって形成されているのです。

この「かかわり」を量子力学（ミクロの世界を探究する学問）から見ると、原子核という「＋」の周りを「－」である電子が回っているという運動を展開しているということ。これを自然のリズムといい、別名、**波動**と読んだり、**生命エネルギー**または、**気**と表現しています。

宇宙では、これと同じように、太陽（＋）の周りを地球（－）を含めた惑星群が巡っています。大宇宙と小宇宙とのリンケージというのはこういうことなのです。

こうしたマクロコスモとミクロコスモの「かかわり」というか、「響きあい」によって我々人間は生かされているのです。

こういう「かかわり」関係のことを知らない人を「命知らず」と指摘した人がいま

す。「気」を落としている人が多い。「気」を使いすぎている人も多くいます。

これからは「気」をつけて、良く、好く、善くを目指しましょう。

一分間解説——気の働きとは原因を促し、結果を生ぜしめる「縁」の作用

例えば、種という原因があっても、実という結果は生まれません。太陽や水、肥料という**縁**によって、実のなりかたが異なってきます。二十一頁で紹介しましたが、**縁**とは、「かかわり」ということです。それぞれの人が持つ能力（原因）は、縁という「かかわり」いかんにかかってこようというものです。

こんな例がありました。ある気功を学んだ人の体験談です。ある行楽地にいった時のこと、繁った木々の間を散策、自然の息吹に心洗われる思いに嬉しくなった。その時、木から気が放射されていることを思い出した。これを意識的にいただくことだ。そう感じた彼は、木から降り注ぐ気を、掌から身体いっぱいに吸い込みながら歩いたといいます。

掌には、マイスネル小体という器官があり、そこが開くと気の出し入れができるという。また、ツボでいうと、労宮（中指を掌につけた位置にある）という部分があり

ます。そのツボも気の出し入れにかかわっているといいます。

ともかく、その効果が分かったのは、帰りの満員電車の中であった。約二時間立ったままであった。しかし、帰宅後まったく疲労感はなかったと語っていました。木の気という縁のおかげといえましょう。「あなたは、呼吸をしていますか」。していなかったら死んでしまうでしょう。ただ、それだけではありません。意識化してかかわっているか、否かにその差が出るのです。

たかが気の持ち方と侮るなかれ、「類は友を呼ぶ」のです

「そんなこと、私と関係ないでしょ」とトゲトゲしくいう。これは「分かっていない」ということが「分かっておりません」

「波長共鳴の法則」というのがあります。これにより暗い現象がアレヨアレヨという間に集まり膨らんできます。

宇宙の法則ではマイナス要因は「引く」ということで、「引いたり」「奪ったり」す

ると、その四倍を失うといわれています。愚痴ばかりグチグチいっている人の側には近づかないことです。愚痴の痴は、「疒《やまい》だれの知」と書きます。前に指摘説明した（五十三頁）Oリングテストでも明らかです。身体が汚染されていくキッカケになるわけです。

一方、運やツキのよい人とかかわると運が四倍よくなってくるのです。

●実践のコツ――「私は幸せなんだ！」を実感する法

そう前へ前へとユメばかり追わないで、ちょっと立ち止まって自分を見てください。あなたの、今までの「かかわり」からイロイロな「出会い」があったはずです。

頭にきたこともあったが、楽しかったこと、嬉しかったことが走馬灯のように回っていく。考えてみれば、**おかげさま**なんだよなあ。イロイロ「してもらったこと」があった。それを「当たり前」と思ってはいませんでしたか。だから、忘れている。

目を閉じて、思い出してみよう。この世に誕生してから、今日まで本当に、こんなにも「してもらって」いたんだ。それに気づいた時、思わず、「ありがとう」と感謝したくなる。

そしたら、素直に合掌しよう。すると「おかげで今、こんなことができているんだ」と喜びが実感できる。今日あるのは、そのおかげなんだ。

「これは感謝しなければならないな」

しかし待てよ。しかも、自分だけでなく人さまにもしてあげて喜ばれていることがあった。その喜んでいる人の顔を思い出してごらんなさい。こうしているあなたの全身には、幸せのオーラ（波動）が漂っています。

考えてみれば、これって、すごく幸せなことなんじゃない。

「ありがとう」と「感謝」してみる。そのような自分に「気づく」のです。いうならば、その過程ばかり見るのではなく、何かが起こっている、その根拠を探ってみることが肝要でしょう。

「見える」ものだけでなく「見えない」ものを〝見る〟

身体の構造から見ると、骨格、筋肉、内臓諸器官、そして血管、神経、大脳などから成り立っています。いうなれば、これらが「見える」部分です。そして、これが人体のすべての働きだと思ったら問題です。

もう一つ忘れてならないのがそれぞれを有機的に結びつけ、動きとなって諸器官の働きをサポートしているもの、それが**見えざる**エネルギーのなせるものだと思います。

これについて、中医学では「この世に生を受けたものは、生命エネルギーのおかげ」と指摘しています。

今ここに生きている、ということは生命エネルギーが働いているおかげです。

そのエネルギーの原点ともいえるのが、**先天的なエネルギー**として**精気**があります。そして**元気**となって発達、成長の循環をくりかえすようになるわけです。こうした生命エネルギーが、まずあることを認識することが健康のみならず、生き方に潤いをもたらしてくれると私は思っています。

おろそかにできないのは、「後天的な気の働き」です。

先天的にある気というエネルギーに対し**地気**と**天気**という二つの働きについても、認識を新たにしてみることが大切です。

まず、地気というのは、穀物とか野菜など、土地のエネルギーとかかわる食べ物です。次は天気です。これは、気候のことではなく、**空気**であり、これにともなう**呼吸**のことです。

また、「九」という数字は、宇宙のエネルギー体より出ている気を表しています。九の倍数が、人間の活動リズムを形成しているのです。例えば、人間が生きていく上で大切な呼吸です。九×二＝十八ですね。一分間十八が呼吸数というわけです。この調子でいくと、十八×二＝三六は？　体温ですね。では、三六×二＝七二は、何でしょう？　脈拍です。では、七二×二＝一四四は、血圧です。まさに、宇宙と人間のかかわりあい、そして調和の見事さを浮き彫りにしているのではないでしょうか。

こうした秩序が、人間らしい生き方のあるべき姿ということになります。それが無秩序になるということは、身体に気枯れ（穢れ）現象が発生したということで、病気の根本原因ということになるわけです。

本来もつ**先天の気**とあいまって**後天の気**とのかかわりに不調和が生まれると、気というエネルギーの循環障害が誘起されます。

これが気が枯れることから、気枯れのごろあわせではないが、穢れが起こり、病気を促すもととなるのです。

次に陰陽概念を表す太極図から学ぶことにします。

図⑪を参照してください。中国の陰陽概念は、陰と陽の絶対的な区分を意味するものではありません。陰と陽とが入れかわってリズミカルに変動するという見方を基本にしています。

図⑪で見ると、黒（陰）の中に白（陽）があります。白の中に、黒（陰）があります。

このように、陰と陽のダイナミックな転換を表現しているのです。そして常にリズミカルに動的に気が変化して、その調和の中に自然界があり、人間も自然界の中の、一つの存在であることを示しているわけです。

図⑪

「陽だからよく、陰だから悪いということはない」と認識することです。とかく、断定的に決めてかかる傾向にあります。これは問題です。ちょうど、「見える」もののみを信じ、「見えない」ものを**見よう**ともしないのです。

陰は、陽があるから存在の意味と価値があります。同様に、陽は陰があって成り立つわけです。ということは、それぞれに、存在する**意味**と**価値**があるということです。そのためのコツは「相対性」で見ることと、「かかわり」の中での過程に意を注いで見ることにあります。

五章

気は心づかい、息づかい、体づかいで
ツーカーの原理

あなたの姿勢は正しく保たれていますか？

電車に乗っていて、腰かけている人の姿勢を参考にするといいでしょう。どんな美人でも、紳士でも「こりゃーひどい」という姿勢が随所に見られます。

その姿勢の実態とは？「へそ天」の姿勢が多いということです。

座席の前側にお尻を下ろしている。すると背もたれに背中を寄りかからせるようになる。だから、自然に背中は曲がり、お腹は上を向くようになる。すると、おへそは天の方をむくことになるわけです。横から見ると不格好極まりありません。

これをへそ天姿勢といい、身体内の気と血やリンパ液の流れが悪くなり、腰痛などはもちろん、ガンなど諸病にかかる元となっていることに気づいていないのです。

本人はリラックスしていると、思っているのでしょう。トンでもないことです。これを読んだ方は早速、椅子姿勢から改めましょう。

まず、腰を深く入れるのです。すると背筋はピンと伸びることになります。首も真っ直ぐに伸びます。大体、脚を組んでいる人は背骨が歪曲しています。その歪みを直そうとする身体の要求が脚を組ませているのです。しかも脚を組むと、おへそが真っ直ぐ前を向かず、向きを変えてしまいます。これを「へそ曲がり」の人といいます。要注意です。人から嫌われ、健康を害し、頭の働きが鈍ります。腰を深くかけると、これがなくなります。

例として、腰かけ姿勢を指摘しましたが、気の訓練をすると、こうした姿勢に対する関心度が高まります。

それは「よりよき緊張は、よりよきリラックスによってもたらされる」という認識ができるからです。気功では、これを**調身**といいます。

●実践のコツ――姿勢を整えるコツ

気功の姿勢をとる時、背骨の歪曲している人が多いように見受けられます。ふだんの生活のだらしなさの結果でしょう。

私の旧制中学校時代のことです。当時は肩からかけるズック製の鞄でした。学校から守るべきこととして指定されたのは、背骨に歪みを生じさせない肩かけの仕方を、次のように指示されたのです。

登校時は、右肩にかけ、左腰の方に鞄部分が位置するようにすること。下校時には、左肩にかけ、右腰の方に鞄部分が位置するようにすることでした。

右肩ばかりからかけていると、右肩の重みに対して、肩を自然に上げるように力が入り、背骨の曲がりからくる姿勢の調整をさせたわけです。

今、若い女性に流行《はや》りの厚底の靴など履いている姿など、可愛いどころか、哀れな姿にしか私には見えません。若者らしい颯爽とした息吹はありません。

歩き方、その他、調身についてイロイロ指摘したいことがありますが、ここでは基本として、中国禅密気功の基本的な姿勢のとり方を紹介しましょう。

立ち姿勢をとります。
① 瞼を閉じます。
② 両足の幅は、肩幅と同じにする。足先は自然に開いた状態で、ユッタリと立つ。次、踵に体重を落とし、体重を後ろに七、前に三の割合で保ち、全身リラックスする。
③ 両膝をすこし曲げ、緩める。その際、膝頭は、爪先より先に出ないようにする。

④　少し後ろに寄りかかるように立つが、腰には力を入れないこと。

⑤　両肩の力を全部抜きます。

⑥　頸椎を垂直にします。その際、顔を少し下向き加減にする。

次に慧中を開きます。

慧中とは、図⑫のように両眉の真ん中、少し上のところにあります。第三の目ともいわれるところにあります。エネルギーの出入り口です。

開くとは、窓を開けたようイメージしてみる。その開けた窓から光が差し込んでいる。このように想像すると効果的です。そして、三点一線の姿勢をとってみます。

図⑫

天頂（百会または、頭頂ともいいます。触ると少し凹んでいるのが分かります）と密処（肛門と性器の間の部分で、背中側にある陰の任脈と前側、胸にある陽の督脈の気の流れをあわせるという重要な働きをしているところ）、さらに両足踵の間を結ぶ中心点という三つの点を結ぶようにします。

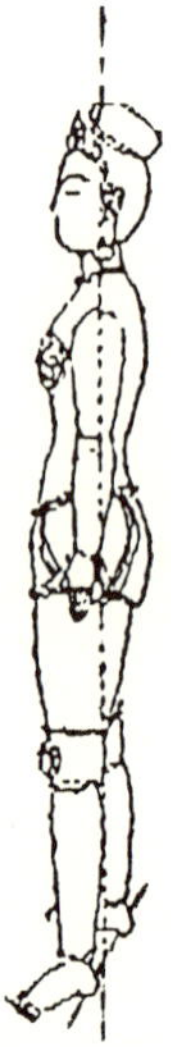

図⑬

図⑬を参照してみるとお分かりのように、背筋はピーンと伸びざるを得ません。これが身体に一本筋の通った人間の姿勢ということになりましょう。以上で、天の気と地の気が身体を通して、一直線になって流通することになるわけです。

この実践により、姿勢もよくなりますが、同時に心身の健康にも貢献します。

電車を待つ間でもできます。腰かけの場合は頭頂と密処の二点でいいでしょう。

あなたは呼吸（息）をしていますか？

「変な質問をしないでよ。呼吸をしていなかったら、とっくに死んでいますよ」

このような答が帰ってくるような気がします。意識の働きなしに自動性でしています。しかし、私の視点の一つである「能率学」（産能大学創立の動機にかかわる学問）からいうと、「それぞれが持つ固有するモチマエが発揮されていない」のです。これを「不能率」というのです。

自動性呼吸をしていると、肺としてのいちおうの働きをしています。しかし、肺として持っている全部の細胞に酸素がゆきわたっているでしょうか。普通の呼吸は、浅い呼吸です。そのため、肺のごく一部しか機能していないといえます。肺全部の活動が必要です。

生命エネルギーの視点からいうと、**天気**に該当します。これは後天的気といわれるもので、空気と**地気**に該当する食べ物があります。外界からとるエネルギーです。この両者の中で、食べ物によるエネルギー摂取も大事ですが、断食ができます。ところが、息の方は、一時たりとも絶つことはできません。イキていることは、イキをしているからです。イノチという言葉は、イ（キ）の（ミ）チからきているのです。「イノチ」とは「イキのミチが通じていること」となります。

その大事な「イキのミチを通じさせる」というイキを漢字で表すと「息」となりま

す。この字をよくみると、「自分の〝自〟の下に〝心〟」があるのに気づきましょう。要するに、息は心と自分自身の「かかわり」のあり方を示していることになります。息づかいは、心づかいともいえます。その「心づかい」をした呼吸をしていますか？　ということなのです。

●実践のコツ──「イキ」の「ミチ」を通すコツ

まず「息づかい」「心づかい」の呼吸の基本とすべき方法を紹介しましょう。

今までの浅い呼吸ではない、深い呼吸を日常化することです。いうなれば、大脳が酸欠に陥らないようにし、心身のコントロールが自動的にできるようにする呼吸法とでもいえましょうか。

次に、指摘するのは「呼吸」という字の順序で息をすることです。「呼」は息を吐くことです。鼻から長く、穏やかに、緩やかに、等しく、吐いてゆきます。また、唇を薄く開けて息を吐いても構いません。息を吐く際には、お腹を凹ませるようにすることです。ちょうど、お腹の中の風船の空気がしだい、しだいに抜けて小さくしぼんでいく、そう想像するといいでしょう。

こうして、息を吐ききれば、後は自然に吸い込みたくなります。その自然の吸い込みを利用して、息を深く、腹部にある風船を膨らませるように吸い込んでゆきます。いっぱいに膨らんだところで風船の口をいったん軽く閉じます。その間はほんの数秒ですが、息を止めるという感覚ではなく、息を風船に収めるという感じにします。息を吐きはじめます。

よく本などに、息を吸って、止めて、吐いて、という方法を示している場合がありますが、どうも**止める**というのが私はよくない、何か血圧を上げてしまうのではないかと思います。「入れて、収める」という要領で行うと、私の体験では、呼吸の流れが円滑にいくようです。

息を吐く時は、風船の紐を緩めます。その風船がしぼんでゆくように、腹部を凹ませることです。細く、深く、長く、緩やかにします。

釈尊も呼吸法について「入息短」、「出息長」と指摘しています。歌手が歌っている時、力士が相手を投げ倒す時、いずれも呼吸は、深く、エネルギーに満ちあふれた感じです。

また、発想する時なども、せわしない呼吸の時より、深い息の吐き方の時に多く見られます。アセッたり、力んだり、興奮している時には、吐く息が弱くなっています。

要するに「長く息を吐く」ことは「長生き」につながるともいえます。なお、この呼吸法の訓練をする場合の姿勢は、立ち姿勢でも、座り姿勢でも、仰臥姿勢いずれでも結構です。それから、ふだんの心がけとしても「吐く息の長さ」に留意することが肝要です。

階段を登る時を考えてみましょう。

まず息を吐きます。それから、階段を登りはじめます。「イチッ、ニッ、サン」とリズムをとりながら息を吸います。

次に「シー、ゴー、ロク、シチ、ハチ、クー」と息を吐きつづけます。数の数え方は苦しくならないように自分のリズムにあわせ調整してください。もちろん、吐く息の方は、長くすることを忘れないようにしてください。

よく使われる言葉に「頑張る」があります。病人にも、よく使われていますが、息のあり方を学ぶと、逆効果を招くことに気づかれるでしょう。このように「頑張る」的エネルギーの使い方は〝い〟き〝の〟み〝ち〟を閉ざす元凶にもなります。

某テレビのCMに流れる「うーんと力んでみせ」、年配者でありながら、筋肉モリモリを表現している。血圧が上がりそう、と見るたびに思っているしだいです。芭蕉も力みかえる人を「粋」の反対である「野暮」といっていたようです。そういえば、「息のコツ」は、粋に通ずるものがあるのかも知れません。

さて、私が若かりし頃、柔道をしていた時期がありました。試合で、背負い投げが見事に決まった時のことが思い出されます。力みがなかったんです。柔らかい、流れるような動きで、腰が入った、と思ったら、相手の身体は飛んでいた。その後は、意識し、力んでしまったのでしょう、技は決まりませんでした。

阿吽《あうん》の呼吸で「息を抜き、息を吹き返す」という方法もあります。

梵語によると「阿」は、口を開いて発する音声で、字音のはじめです。「吽」は、口を閉じる時の音声で字音の終わりとなる。これにより、万物の始めと終わりを象徴しているといえます。密教では「阿」は万物の根源であり、「吽」は一切が帰着する知徳とのことです。

それから、仁王や狛犬などでは、口を開いたものと、口を閉じたものがあります。いうならば、宇宙の太極図である陰陽を表し、宇宙そのものをなす聖音として呪文や礼拝に用いられた言霊《ことだま》といえます。すると、呼気に合わせて「アーウン」と唱えつづけることで宇宙との一体感が味わえるようになれましょう。

梵語の「我」、「アートマン」は、呼吸という意味から出ているとのことです。声に出して「アー」と口を大きく開け「ウーン」と唱えてみる。全身に響くバイブレーションは非常にいい心地をもたらします。まさに、息を抜いていながら息を吹き返している。そういった味わい深い息の活用法といえましょう。

次に商談などにおいてのお茶飲みの活用法を示しておきましょう。

まず、催眠誘導のケースから紹介します。効果的な誘導のポイントは、誘導者と被験者との間における「阿吽の呼吸」にあるとみてよいのです。

私がかつて、病院の心療内科でヒプノセラピーをしていた時と、産能大学経営研究所時代の公開コースで催眠を教えていた時の体験です。呼吸をあわせればよいのです。特に、吐く息にあわせて、誘導の言葉を投げかける時が受け入れられやすいのです。誘導の暗示はもちろん、心身改善のための暗示を与える場合も同じです。

このケースを応用すると、人を説得する場合に役立つことになるはずです。息を飲み込む時や、お茶を飲み込む時が、息づかいと心づかいのチャンスということです。要所、要所で核心に近づけつつ自分の要求をお茶と一緒に、飲み込んでいただこうということです。吐く息にあわせながらの積み重ねが必要です。

●実践のコツ——心の調え方（調心）のコツ

改めようとする気持ちはあるのですが、ついつい「分かっちゃいる」けど、「やめられない」ことってありませんか。

実は、このような経験は、人間だからこそ経験するのだと思います。だといって仕方ないではすまされないことも事実です。

そんなこと、意思力さえシッカリすればでは、すまないことは、すでに解説で指摘しました。だからといって、意思力をないがしろにしないことです。

暴れ馬にしないためにも、また乗り手にない馬のエネルギーの方向づけには、何のためという「目的意識」を確立することです。

次は、**これでいいのか**では、**こうしてみたら**という「問題意識」、そしてもう一つ大事なことは、**させられている**意識から、**している**意識という「当事者意識」を持つことです。これら三つの意識を確立することで、方向づけはできました。

さらに、ウマい話は馬のエネルギーをいかにウマく引き出すかにあります。そのためには「想像力」の活用にあります。ここで大事なことは、「想像力」そのものを、より有効に活用できるかかわり方がカギといえます。

それは、**虚心**、**持念**、**留意**の活用にあります。

まず虚心といえば、すぐ浮かぶ四字熟語があります。そう「虚心坦懐」です。その意味は、心に何のわだかまりもなく、キッパリして平らな心で事に臨んでいる、ことをいいます。

変に力まない、自然体ということで、事に臨んで、焦らず、恐れず、構えない**瓜熟せば、自然に落ちる**という心境です。「力を抜いて、力を出す」の極意です。「こうしていれば、自然に気が感じられるんだなあ」と表れるのを待つ気の持ち方です。

以上をまとめて「サリゲナク」と行動前に唱えることです。

次は持念です。字の意味は、念じ、持ち続けることです。注意集中といいます。この際、大切なことは、二念を追わないことです。これは集中している時、ふと今までとは、違った思いが連鎖反応的に起こってくるのです。

「さっき駅前で正面衝突しそうになったあの女性は、すごい美人だったなあ、いっそのこと、勢いに乗ってぶつかればよかったなあ、ケガはありませんでしたかなんて話しかけて、それからお詫びのしるしとかいって喫茶店で……」など本来の瞑想として必要な道から、次々と念をついで展開しがちなのです。

これでは、潜在能力への道どころではありません。迷路に入り込んでしまいます。先に指摘した虚心になれれば、「心のグラツキ」は自然になくなるはずです。問題は、ひたすら「念じ、保ち、持ち続ける」ことです。それにあう言葉を「ひたすら」にし、持念の実現を目指そうというわけです。

なお、日常に活かす方法としては、次のような試みをされるとよいでしょう。

例えば、歩いている時には、歩いていることに集中すればよいのです。方法は「今、私は歩いている、歩いている、歩いている……」と繰り返すのです。階段なら「上がってる、上がってる……」と繰り返します。今、ここにおける自分の行動に持念しているわけです。

もし、他のことが浮かんだら、「いけない」とか「またうまくいかない」などと思うことは、二念をついだことになります。それこそ「サリゲナク」また本筋に戻ればよいのです。

次は留意ということです。これは、心を留めることです。催眠とか瞑想の場合ですと、ステップに応じて設定されている公式の身体部位に心を置くことです。このあり方を活用すると、想念のあり方というわけです。

この具体的な活用については、項を改めて紹介します。ここではあり方の基本を指摘、説明します。

何に心を留めるのか、それは、目的を具体的な形にする目標そのものにあります。目標とは、達成したときのレベル、姿、状態などです。その目標に心を留める。これは必要なことです。次は、その目標に到達するための手段に心を留めるわけです。

これを「想」の字からあり方を導き出すと、〝相〟の意味、姿・形に〝心〟を入れることとなります。もう一面は、「**心**を耕して、**形**にする」というヒントが摑めます。

以上を要約すると「想いを磨く」となります。以上、心の調え方は、「何事もさりげなく取り組み、ただ**ひたすら**に**想いを磨こう**」と唱えつづけることがカギとなります。

とかく想像はマイナスに引かれがちなのです。例えば胃が痛くなる。するとその胃を気にしはじめる。悪い方へ悪い方へと想いは、雪だるま式に広がっていく。そう思ってはいけない、と思えば思うほど、蟻地獄のように落ち込んでゆきがちです。

そこで、踏みとどまるのです。胃が痛いのは事実です。ならば「痛さを知らせてくれてありがとう。さらにお世話になるからね」と感謝しながら、光で胃を包み温めてみる、という活かし方です。

●実践のコツ――水に心（気）を入れて病を癒すコツ

一つに病気を追い払う「少飲の法」というのがあります。

「水を飲む場合の気の持ち方が病を左右する」。こう断言してもいいと思います。

私のある会合での、気と健康についての実験です。全然、気について知らない人に対し、次のようなOリングテスト（五十二頁参照）をしてみたのです。

まず、コップに入れた水に対し「悪魔」と呼びかけました。そのコップを手にもってもらいました。その後、Oリングをしてみたところ、指は簡単に開いてしまいました。

次に「神」と呼びかけ、同じ要領でテストを試みました。今度は、親指と人差し指のOリングが力いっぱい引っ張っても開かなかったのです。

よく植木に声をかけると、いい成長が見られた、という話を聞きます。また、世界で初めての、水の結晶写真集『水からの伝言』が出版されています。著者は、波動の研究者として知られている江本勝氏です。

水に音楽を聞かせた場合の結晶、水に文字をみせた場合の結晶などをみると、考えさせられます。

「ありがとう」とか「ばかやろう」「ムカツク」「愛」「感謝」などなど意味の違う言葉を用います。

例えば「ありがとう」の声をかけた結晶と、「ゴールドベルグ変奏曲」を聞かせた場合の結晶とは似ている。これは、バッハが感謝の意を表すために作った曲とのことです。こうした、水と心（気・波動）のかかわりを活用しない手はありません。

中国禅密気功の陰陽合気法（人部）に「少飲逆歩」というのが、この水と気を同調させ病を癒す方法としてあるのです。

要領は一口水を飲んで（冷やしたお湯かミネラル水）、ユックリと喉を通らせながら、その腹腔中心まで流れ、さらに身体全体を潤していくことをイメージするのです。

その際、病巣があれば、そこを洗い流すようにし、陰にあたる身体の前面を通ってユックリと地のほうに下ろし、流してしまうのです。薬を飲んだ時、注射、点滴をされた時にも活用できます。日常、水を飲む場合でも水に気をこめて、身体を潤すように飲むようおすすめします。

●実践のコツ――調心の活用

心の皺をなくし、若さを生む詩をご紹介しましょう。

「若さ」って　なに？
年齢では　はかれないもの
それは　ワクにとらわれて
いるか　いないか　にある
独断的な　DOGMATIST
断定的な　CATEGORIST
いずれも　最初の三文字を見てごらん
DOG（犬）とCAT（猫）だね
人ではない　犬や猫に等しい

これを心に皺の寄った
人でない　人という

事実は　事実として
認知する人は　若々しい
事実から経験を通して評価し　それにしがみつく
これが老いたサインなのに　気づけない　心の皺の原因

経験にあわない　経験をする
すると　拒否し　否定する
はたまた　問題をスリかえる
心の皺は　こうして増える

自分と違う人の考え方や
やり方を「認められるか」「認められないか」

それが問題だ

他の異なったものの間における
共通点を摑めない人は
「それは役にたたない」という
こんな文句をいうのは　頭が老化した証《あかし》
どのような違いからも
意味と価値を見出せる人を　若い人という

抽象を〝あいまい〟としか　受け止められない人は
頭の老化した人
具体から共通部分を抜き出していくと抽象という
抽象と具体の共通点に気づけない
具体から階段をあがると抽象となる
だから　抽象という広い視野から

具体的に考えることが　できない
頭の柔らかい人は　具体と抽象階段の上り下りが自在だ
心に皺のよる余地などない
どんな人の心にも　宿っているもの
それは　母体から　もらった
元々ある　元気と精気である
「オギャー〝生まれたぞ〟」と周りに説いたのが　この世の誕生だ
この若さの大本　元気を原点という
この原点に　火を灯す方法がある
ホーン　ホーンと唱え続ける
天の梯子といわれる喉で　ひたすらホーンと唱える　気が漲ってくる
疑いに苛まれている人は　この火を自分で消している
そんな　ホーン　と唱えたってと　否定する
火が消える　暗くなる
そんな　といって　損を招いている

心の皺が　寄るばかり　そして　老化が進んでいる
「分かっていない」ということが　「分かっていない」
「分かれば」　皺は寄らない
そのためには　あらゆるものに　ときめいて　取り組むことに尽きる
可能性を信じ　可能性を求めて　取り組んでいる
すると「ピーンと響く」ような　「ひらめき」がもたらされる
その際　その後にする判断には　誤りがある　心に皺の原因
だから「ひらめいたら」　すぐアクション
これが　「若さ」と「元気」を生む
これが「さざなみ」となって　その人の「命」に
きらめく光を　もたらす　これを若いという
その人の「命」に　きらめく光をもたらす
これを「若い」という
「これでいいのか」　いつでも　どこでも　現状をチェック
「じゃ、こうしてみたら」と　常に提案　さらに提案

「これでいい」の現状維持はない　心に皺をつくるから
それが嫌だったら　「これでいいのか」「こうしてみたら」と
大いに　「未完成を楽しもう」
これを「若い」という

◎一分間解説――天の梯子について

これは「喉」のことをいいます。

教えていただいたのは、中国禅密気功の伝人（最高の地位にある人）である劉漢文先生からです。北京に気功研修として、禅密気功の上級功法である「陰陽合気法人部」を学びにいった時のことです。

「喉」は「天の梯子」といわれ、宇宙のエネルギーとの「かかわり」のあるところとのことです。

その際、**聴声**は字の通り、聴くことのできる声、これに対し、ハッキリ聞こえない声を**次声**、または**磁声**ともいいます。それを「喉」のところで発するのです。その声波と宇宙のかかわりから雙向感応するといいます。

どのような音が、身体のどの部位に働きかけるのかを説明します。

これを「一字呪文」といい、「エ・ホ・ヘ・ハ」の四つの種類があります。

「エ」は全身にエネルギーを感応させることができます。「エー」と発することで、さざ波のようなバイブレーションが起こります。

次は「ホ」で上半身に作用し、意気を高揚させるもので「ホーン」と発声します。

「ヘ」は身体の軀間部分で、内臓にかかわりをもっています。発声は「ヘー」です。

そして「ハ」で、これは下半身に作用し「ハー」と唱えます。高血圧の人には、血圧を下げる働きがあります。

六章
「気」を隠し味として今日に活かす

「形」に「心」を入れて「今日」というアナを活用

今日は　アナ　その中に　多くのアナが集合している
顔を洗ったり　食事をしたり
テレビをみたり　電車に乗ったり
仕事をしたり　人と話をしたり
その日々の移り変わりの中で
犬さえ　ワンと鳴いて　パターンと倒れる
ワン　パターン人生　やっていませんか？
折角　この世に生をうけたのに　もったいない　つまらない
ならばそれぞれのアナに　楽しくなることを工夫すればよい
人生を楽しんでいる人は　そのアナに　楽しくなることをやっている
アナの活用による　アナどれない人生よ　こんにちは

さあ　扉を開こう　そして
アナどれない人生への　序曲を奏でよう

●実践のコツ——単なる「欠伸」ではすませない「伸び」を活かし全身に活力

まず、朝の爽やかな目覚めを目指した方法を紹介しましょう。目が覚めた。次、ふだんしていることに、気の心を通わせればよいのです。「ウーン、といいながら、伸びをしつつ欠伸をします」。これだけでも、生理学的には目が覚めます。しかし、これだけではつまらないのです。両腕を弧を描きながら伸ばしてゆきます。あわせて、息を鼻から吸い込みます。その際、吸う息にあわせ、イメージで下から内臓を持ち上げるように伸ばします。

次、息を吐きながら両腕を下ろし、上がった内臓を下ろします。今まで眠っていた内臓の目覚めです。

また、全身の筋肉の中にある感覚器の筋紡錘が、伸びで引っ張られることにより刺激を受け、求心性神経を通して大脳の目覚めのコントロールセンターとしての網様体に伝わり、目が覚めますさらに、弧を描きつつ両手を上げる時、頭は動かさずに目だけを指先の方においっていくのです。ちょうど上目づかいのようになります。両腕を下ろしつつ、目も下ろします。この動きを三回ないし六回繰り返します。

次は両手とも人指し指と中指で、両耳を挟み、上下に擦ります。この耳はちょうど、胎児が妊娠中のお腹にいる時と同じ姿といいます。ということで、全身への刺激と同じになります。五十回摩擦します。デスクワーク中も同じ要領です。

●実践のコツ——洗顔に気を入れるコツ

ただ、なんとなく顔を洗っている、愚はおやめなさい。限られた人生、なんとなく顔を洗っているほど、人生、長くはありません。ここに気を入れるか、入れないかで、大きな差が生まれます。

この洗顔は、一日というアナの中のアナの一つです。

寝起きの顔を鏡では見ないことです。また、皺が増えたな、とか白髪がまた増えた、精気がないな、なんて……、マイナスのイメージで暗くなるのがオチです。今日一日の始まりがマイナスでは後は、おして知るべし。ならば、明るく洗うことです。

顔を洗いながら「私の心は太陽のよう輝いている」、このように心の中で唱え、繰り返す。洗い終わったら、顔を拭き「あーサッパリした」と断言する。そして鏡を見ながら、ニッコリ微笑むのです。そして宣言する。

「今日も楽しく、新しい意味と価値を掴む」、または「心も身体も、自信に満ちあふれている」、女性なら「花のように美しい」と、その後の確信を抱いたら、OKサインを笑顔とともに出します。

すると、何か調子を崩したような時などに〝**転**ずれば、**天**に通じて開く〟ように「太陽」と唱えてみる。

これは「心の杖」の言葉として、一生あなたを支えてくれることになりましょう。

●実践のコツ——気の隠し味で幸を呼ぼう

「気」の調味料が一層の健康と、家族の幸せを生み出すのです。気の隠し味、それは「感謝と愛、そして笑顔」といえます。

「かかわり」の間にある「響き合い」、それは**波動**とも**気**ともいいます。

とかく、「気の中にいて、気の存在を知らない、ましてや、気の活用も知らない」。

その事実を見ても、信用しない。こういう人を「命知らず」といったらいい過ぎですかね。

なぜか？　ですか……、一つの例を。

それは、食事の時です。どのように感謝と愛、そして笑顔で「かかわって」いますか？

まず食材です。みな同じ味ではありません。それぞれが持つ**波動**に違いがあるからです。人参、ゴボウ、ほうれん草、豆腐、肉、魚などなど、みな同じ味ではない。それぞれが持つ**波動**の違いのなせることです。

これら波動の違いがあるからこそ、組み合わせ、かかわりによって、味わいに差が生ずるのでしょう。そこへ調味料という**波動**でさらなる変化が生まれます。さらに、忘れてならないのが、料理する人からでる**波動**です。

何かが原因で、カッカしながら、イライラしながらの**波動**で料理した場合を考えたことありますか。

これで料理されたものをもって、先に指摘、説明したOリングテストを試みてごらんなさい。指は楽に開いてしまいます。そんなの食べたら、健康を大いに損ねますよ。

素材であるそれぞれの食材の持つ味とか栄養素が、**波動**でブチ壊されているのです。

そこで、料理する人の**波動**の出し方を変えてみるのです。

家族と食卓の楽しさを描きつつ「美味しい」といって食べてくれる家族の顔や笑顔、そして、いろいろの食材を育ててくれた人々に感謝をしつつ料理をしてみたら……、感謝と愛と笑顔という**波動**の調味料が、よいパワーをかもし出してくれるのです。

これがホントの隠し味ではないでしょうか。

もう一つ、今、料理をする人について取り上げましたが、その料理を食する方についても指摘する必要があります。

簡単なことですが、まず「いただきます」を忘れずに、いってみましょう。なんで食事の時「いただきます」というのか、お分かりですか？

これは、自分の命を支えてくれる元であるそれぞれの食べ物の命に対しての、深い感謝の気持ちを表します。これが「いただきます」という「感謝」の表れなんです。この念に欠けている現代人が、案外多いのではありませんか。

こうした日常の何気ない動きの中で気はかかわっているのです。波動とか気のデザインにも配慮しましょう。

●実践のコツ――活力のもと、ツバ（唾液）の活用は？

「眉ツバ」でない「ツバ」の効用とその活用法をご存知ですか。

中国では、ツバのことを「神液」といっています。「活」という字を分けて、解釈してみると、「舌」の「水（氵）」となります。要するに、ツバは「活力」の元ということです。

その要因をみると、酵素が十五種類、ビタミンが八種類、ホルモン二種類が含まれています。さらに、ベルオキシダーゼという酵素が、発癌物質の毒性を消すという大変な効果のあることがつきとめられているといいます。

さらに、「ツルは千年、カメは万年」という言葉もあります。この言葉によると、「ツルツル飲むよりよくカメカメ」となり、まさに至言ということになります。

「中国陰陽健康術」の著者である邱淑恵先生は、よく講演される時に、次のような話をされるとのことです。参考になるので、紹介しておきましょう。

「朝、目が覚めた時、一番最初に出てくるツバを使って、目のまわりにあるツボを摩擦する。それを毎日行うと、目の病気や老化の予防に役立ち、さらにシミ・シワにも、よく効く」

　こんな活用法もあります。舌を口の中で左右上下に素早く動かす。口蓋の中にあるたくさんのツボや、舌先のツボが刺激を受け全身に伝わる。唾液腺も刺激され、ツバも出やすくなる。それを飲み込むようにする。また、ダイエットにも役立ちます。

　それは連続して何度もツバを飲み込むと、空腹感を克服することができるといいます。また夜、眠れない時があったら、何度もツバを飲み込むと、身体全体をクールダウンさせて、眠りへと誘ってくれるという。眉ツバでない、ツバの効用を試してみる価値はあります。

●実践のコツ――ウオーキングだけではもったいない

　歩きながら気の場をつくり、気に包まれての健康づくりをするにはどうすればよいでしょうか。

　病人以外の方は、ほとんど歩くことは日常当たり前のことです。ただ、漫然と歩くだけでは、健康どころか、逆に疲れだけが残ります。

　それはなぜか？　気が入っていないのです。気合いのある歩行といっても、軍隊行進ではありません。それこそ、普通の歩き方に、少しばかり気をくばればよいのです。ただ基本として、両手の間に気のボールをつくれることです。まず気のボールづくりから紹介しましょう。

両手のひらをあわせます。その両手のひらが熱くなるまで擦りあわせます。熱く感じられたら、両手のひらを向きあわせ、十センチくらいはなします。その間に気のボールがあると想像します。両手を少しずつ開いたり、縮めたりしてみます。ユックリと試みていると、何か手のひらにサワサワするような、またはピリピリするような刺激、さらには温かいなと感じ始めます。

また、右手や左手を交互に上下にユックリ動かしてみます。さらに、両手のひらの感じがハッキリしてくるのに気がつくはずです。両手を左右に開くと、引っ張られるような、両手を左右から近づけると、押しつけられるような、それぞれその人なりに応じて違った感じがしてきます。

これが「気感」というものです。いうなれば、両手のひらの間に「気場」が生じたわけです。後は折りをみて、「気のボールのこねこね運動」をすればよいでしょう。

野球のピッチャーがマウンドで、ボールをこねくりまわしているように……。

こうして「気場」ができるようになると、イロイロ気を活かし気の効く方法ができるようになれます。

まず、ウォーキングの場合です。普通の歩き方で注意することは、手を振りながら歩く時、両手のひらを向きあわせるようにすることです。ちょうど、自分の身体は、両手のひらの間にあることになります。右手が前に出て、左手が後方になった時、両手のひらは、向きあうようにします。こうして、左右交互に振りながら歩くわけです。

こうして左右両手のひらの間に気場ができる、身体がその気場で包み込まれるようになる。すると身体内に気が秩序化されるのです。気や血の滞りがなくなり、循環がスムーズになるわけです。ともかく、心身の働きを促すエネルギーが活性化するわけです。

前進歩行における気のおき方で、前向きの気持ちになれます。気分がすぐれない、憂鬱な時、滅入っている時を思い出してください。ほとんどの方は自分より後方に気がおかれているはずです。後ろ髪引かれる思いとか、足取りが重い、というのは、こうした気の重さが大きく影響しているのです。

それに反し、意気揚々としている時には、胸を張って、足取りも軽く、颯爽と歩いています。これは、気が前方にあるからですね。

こうした例を、歩行しながらの気の入れ方に活用すればよいのです。

歩く時、数メートル先に、もう一人の自分をおき、その自分に明るい気を送ってみる。いつのまにやら、「こうしちゃおれん」の自分になっていることに気づき、驚くのではないでしょうか。また後進歩行における気のおきかたで、カンが冴えてきます。

今まで紹介したのは、日常の行動はそのままに、ただちょっと、気を組み込んだわけです。が今度は、少しの時間ですけど手間を取らせることになります。

後ろ歩き、をしたことがありますか。おそらくは経験した人は少ないと思います。危ないですね。後ろに目はありませんので怖いです。だから、まず確認すべきことは、障害物のないところを選んでいただくことです。百メートルでもいいです。

次、要領ですが、後ろ歩きの時、ユックリ歩くこと。一歩一歩という感じで歩を運びます。その際、自分の後方、三メートル位のところに、自分の気を注ぐのです。

後方に気を注ぐといっても、先の後ろ髪引かれる思いとは違います。後方に向かって歩くのですから、前向きと同じです。これがカンを鋭くするのです。気配を感じられるようになったら……。

なお、相対で見れば、前に歩くがあれば、後ろに歩くがあって調和がとれます。

●実践のコツ——笑う門には福来る

笑いは、力を抜いて、力を出せる基本といえます。

「笑いは薬」です。また「笑いは気功」だと思っています。それは「息」にあるからです。ふだん使われているコトバで、息に関連するものをピックアップしてみよう。

息が合う、一気（ひと息）にやる、コツ（呼吸）が分かる、翁（息長が語源）、息を飲む、息を吹き返す（生き返る）、息を吹き込む（意気込み）、息切れ、息抜き（休息）、息の根（生命）、息張る（息をつめて腹に力を入れる）、息づかい、息詰まる、……などなど。

こうしてみると、人間と息の間にはないがしろにできないかかわりが見られます。「息」は「心の上に自分」と書くことからも分かるように息づかいで、肉体と心の姿が分かるものです。

イライラしている時、興奮している時、しょげている時、こうしたマイナス要因の時は気もそぞろ、上の方に舞い上がっています。これを「気が抜けた」といいます。

一方、笑いの時は口を大きく開けて、ハッ、ハッ、ハッ、と笑ってみます。その時の呼気が重要な役割をしているのです。ハッ、ハッ、ハッと口を大きく開けて笑ってごらんなさい。

笑いにあわせ息を吐いているのが分かりましょう。肩からは力が抜けていく、なのに腹に力が入っている。

また連続してのハッ、ハッ、ハッと笑うたびに、長い呼気になっている。長く吐く息は「ナガイキ」に通ずることになるのです。健康なお年寄りを「翁（おきな）」といいます。その語源は「イキナガ」からきていることも重要な意味となるでしょう。

まさに「〝力〟を抜いて〝力〟を出してる」というわけです。「笑い」こそ健康的な生き方のコツともいえます。人生は、その使い方を知れば長くなる。また、心豊かにもなれましょう。

それこそ、ちょっとしたアナを活用した自然の気功法といえましょう。

●実践のコツ――モナリザさまの「微笑」を

ここで、最も身近な存在「内臓」への「感謝」とともに実践しましょう。

苦虫を噛みつぶしたような顔をしている人を見ると、避けて通りたくなります。おそらく、この人の内臓も苦虫を噛みつぶして、シブシブ働いているのでしょう。これじゃ、各内臓は頭も含めテンデンバラバラになっています。これでは「テンで話にならない」ということでしょう。

これを物理の考えを借りれば、「エントロピーの増大」といいます。身体全体が無秩序になり、苦虫からでる邪気が自然治癒力を抑制している状態といえます。

そこで提案したいのが、「ホッ」とする、しかも「親近感」を覚える「微笑み」です。「モナリザの微笑」なんかたまりませんね。ほのかな温かみ、慈しみを感じます。その「微笑み」を最も身近な存在である各内臓に向けて送るのです。「感謝」の意味を込めてです。私たちがこうして、この世に活かされているのも各内臓のおかげです。

それぞれに手を当てながら、内なる心を使って、内なる諸々の器官に一つずつ「微笑み」かければよいのです。大脳全体に、喉の甲状腺、胸のところの胸腺、両肺、心臓、食道、胃、脾臓、肝臓、すい臓、腎臓、膀胱などなど、上から下へと順次、手を通して「微笑み」かけてゆくのです。

こうして「ありがとう」の感謝と「微笑み」が内に満たされます。すると、自然に内から外に向かって滲み出てくるようになるもの、それがホントに「モナリザのような微笑」となって人に影響を与えることになるのです。

微笑みかけたことで、各内臓が活き活きとしてきます。

その根拠は、リラックスを司る副交感神経の活性化が「微笑み」で生まれるからです。これが、各内臓の繋がりを密にし、デンデンバラバラから秩序化をはかれるエントロピーの減少に繋がってくるわけです。これにより免疫力も高まり、ホルモンの分泌も促される。

内なる自己のコミュニケーションがよくなったともいえます。これがひいては他者とのコミュニケーションにも影響し、よりよい人間関係が築かれることになります。

●実践のコツ――思い出し笑いのすすめ

笑いのアンカーリングを試みてみましょう。

催眠に導く際、被験者に、とても気持ちよかった過去の経験を思い出してもらう。この思い出を導入に誘導するのです。これが快い催眠状態へと導けるコツなのです。

これがアンカーリングというものです。「錨を降ろす」ということで、表現をかえれば「条件反射」といえましょう。

ならば、ここで同じ要領で「思い出し笑い」のすすめを提唱したいのです。誰にでもあるでしょう。何度思い出しても笑ってしまうようなことが……。

また進んで、笑いのアンカーリングをつくるようにしてみることです。

アンカーリングづくりのコツをお教えします。私たちの日常は、大なり小なりアンカーリングの連続といえるかも知れません。いい意味でも、悪い意味でも……。そこで、悪いのはいい方に切り換えていく、いい方はもっとよく印象づけるにはどうするかの工夫も必要です。

ただ、変に理屈をつけて歪曲して組み立てたのでは、かえって悪いアンカーリングになりかねないでしょう。そこで意図的につくってみる場合、大脳の働きを活用してみるのです。「現実と想像を区別しない」という大脳の性質を活用します。

自在になることが必要です。ただ偏りなく行うためには、五感のフル動員です。視覚、聴覚、臭覚、味覚、触覚などあらゆる感覚を動員して、感情に訴えてまとめていくのがよいでしょう。

●実践のコツ――笑顔のトレーニング法

補色と残像を活用する方法があります。

人間の目は、ある色彩の図形をしばらくみつめてから瞼を閉じると、同じ形の図形が、もとの色の補色という色で、瞼の裏に残って見えるのです。この性質を活用して能力開発に役立てられるのです。

私はかつて経林書房から『能力開発の成功法則』という本を出したことがあります。その中に、自己啓発カードとしていくつか紹介しました。今回は、笑顔のトレーニング用として紹介してみましょう。

このカード（本書の挿入カード）を活用すると、残像時間が長くなるにしたがい、潜在能力のエネルギーをある意味の方向に発揮できるようになれます。

図⑭のようにスマイルマークを活用します。マークは赤色、地は緑色という配色がいいでしょう。

進め方の要領は、スマイルマークの面を光の方向に向け手で保持します。反射光が少ないと残像が出にくくなりますので注意します。目との距離は、約十五センチくらいです。では、進め方に入りましょう。

まず瞼を閉じ、身体を前の方に傾けながら「ハッハッハーッ」という感じで息を吐きます。上体を起こし息を吸う。この呼吸法を六回繰り返します。

スマイルカードを凝視することから始めます。

ユックリ目を開けてからカードを見る。見つめるところは、点の部分です。目をアチコチ動かすと残像が浮かびにくくなります。またカードも動かさないようにすることです。凝視は約一分くらいの間隔でよいです。今度は凝視中に自己暗示をします。

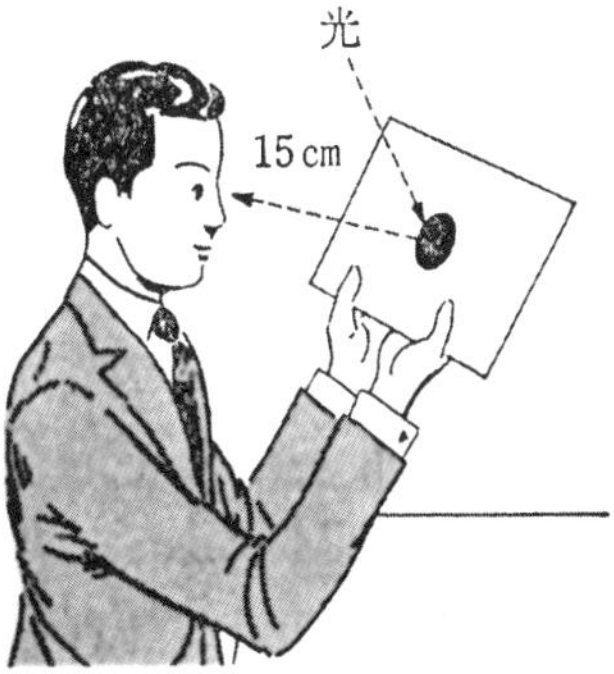

図⑭

次のような自己暗示をすると効果的です。協調性を目指すならば「私は、誰とでも親しんでいる」。積極性を求めるなら「私は、人前に出て話すのを楽しむようになっている」などなど。そして瞼を閉じ、残像を見つづけます。

自己暗示を繰り返しつつ、残像を見ます。最初は残像の時間は短いが、だんだん長くなります。消えたら、またスマイルマークを見つめる。回数は五回くらいを目安にするといいでしょう。

一分間解説——笑いによる意味と価値

笑うことで、次のようなことが促されるます。その一つが、笑うと、吐く息にウエイトがかかります。これが心と身体に「開放作用」をもたらします。さらに、肚に力も加わります。

また、腹の底から笑ったという場合よく聞かれるのが「なんかスッキリしちゃった」ということです。これは、心の中のマイナスをもたらしていたわだかまりが「浄化」されたということでしょう。それから、一人の笑いは「共鳴作用」をもたらして、周りの人々の気持ちを和やかにする「親和作用」があります。

こうした要因が息を調え、身体を調え、心を調えることになります。さらに関連して脳内モルヒネといわれるエンドルフィンの分泌を促し、快さを感じさせてくれることになります。加えてまだこの上にＮＫ細胞（ナチュラルキラー）が増えてくるのです。これがガンの予防とか消去に役立つという実験結果が紹介されています。

こうした諸々の誘引作用が広がっていくわけです。その一つが意識エネルギーとしてより活かされてきたりします。その意識エネルギーが想念とかかわると、次の二つに影響が及んできます。

その一つが「想念」の**想**にあります。「形に心をいれる」とよくいわれています。このいわんとすることは**楽しい**と思っていると、現実に**楽しく**なってくるということです。行動優先の原則といいます。すると、笑顔という形をつくっていると、自然にそのようになることができるのです。この時、口の両端を耳のほうに引くようにして、笑顔をつくるために、鏡を見ながら試みると効果的でしょう。

また「心を耕し、形にする」といういい方もあります。すでに紹介した「内臓へ向けての感謝と笑顔」づくりが容易になれます。こうして意識が高まると高次元の、意識エネルギーのガイドによる行動がとれるようになります。

念という**今の心**を大切にすることも重要です。まだ明日があるからさ、という明日への依存が今という時をマイナスにします。昨日の笑いは、今日の笑いとなります。そして今日の笑いは、明日の笑いを誘うことをくれぐれも認識し、実践することです。

「人生とは小さなことから始まり、小さなことで終わる」

彼女の何気ないニコッとして手を振ってくれた姿から始まった恋、振り返れば、ほんの小さな、小さな出来事であった。それがキッカケで、いつのまにやらルンルン気分を経て、結婚にゴールインした。夢のような日々が続いていた。しかし、時が経つにつれて、灰汁《あく》が滲み出てきたのです。恋愛時代、新婚時代は許されたことが何かヒッカカル。苦虫が育ち始めているのにただ気づかないだけだった。それが知らぬ間に、声や表情に表れてきだす。双方がインイン気分になっているからたまったものではない。一触即発である。かくして、冷静な眼で見れば、何でもない小さなことがもととなり破局を迎える。

生きる上で、ジックリ味わう言葉です。

●実践のコツ――車内の揺れにあわせ全身にさざ波の響きを！

座席に腰かけられなくても気にせず、かえって気持ちよく、心身の健康に役立つ方法を紹介しましょう。

特徴は、電車走行中の「ユレ」を利用するのです。その「ユレ」はただ漫然と任せるのではなく、自分の背骨に意を向けるのです。背骨は、まさに人間のバックボーンに当たる重要なところです。

薄皮饅頭に例えられる大脳の中で、高等な精神活動を営む新皮質、その中に包まれるように入っているアンコに相当する古皮質がある。その下に間脳があり、視床とか視床下部という内臓王国の総理大臣的役割を演ずる箇所があります。

そして中脳、橋《きょう》、延髄、脊髄から尾骨、仙骨へと繫がっている。これが背骨のおざっぱな構造です。もっとも、神経が各内臓に張りめぐらされています。

この脊骨に気を通して、内面からの生命エネルギーのアップを図ろうとすることを、中国禅密気功では、基本を築く功法ということで「築基功」と称しています。

その背骨に対し、柔らかく、ちょうど蛇のようにクネクネと動くようにするのです。電車の中で、吊り革に捕まりながら、全身の力を抜きます。肩の力を抜き、腰の力を抜く。両足は、床にピタリとつけておく。後は、電車の揺れに抵抗しないで、「ユレる」に任せる。その揺れ方が、背骨を先に指摘したように蛇のクネクネ動きを、背骨の下部にある仙骨から始まり、尾骨、腰骨、胸骨、頚骨へと気を導くのです。

次はその逆で気を降ろしていく。電車の揺れにあわせて動かせばよいのです。その際、気で背骨の中の髄液を洗い流すようイメージで行うとさらに効果的です。こうしてクネクネと動かしている姿は、他の乗客には気づかれません。

なぜかといいますと、電車の揺れにあわせて、前後左右に背骨を動かすのです。動きは自由です。揺れにあわせ動きたいように動けばよいのです。

これにより背骨は、「柔らかく」動きます。前後左右はもちろん、斜めにも動きます。ともかく、吊り革には手をかけておきますが、揺れに揺られます。すると、背骨から神経と細胞に刺激が、さざ波のように広がり、何ともいえぬ心地よさが感じられてきます。もう腰かけている乗客のことなど念頭にはありません。

神経と細胞の信号は、背骨をも響かせつつ、上へ上へとさざ波の如く押し寄せていきます。これが大脳の働きを促すのです。

●実践のコツ――「バターン、キュー」で眠りに入るのもいいけれど……

禅の中興の祖といわれる白隠禅師が、「眠りに入る前の心の持ち方が、人間形成に大きな影響を与える」と指摘しています。みなさんはどのような思いを抱きつつ眠りに入っていますか？

私が『創造力開発の進め方』という本を書いた時、橋本健工学博士の例を紹介しました。

それは、すでに街頭自動点滅装置が実際に街中で活動している状態を想像しながら寝たという。そうしたら翌朝、目が覚めた時、ポカッと浮かんだヒントをもとにして設計図を作り、放送局に送ったところ、見事当選したということです。

大脳生理学でも、寝入りばなの状態は一種の催眠状態で潜在意識に訴えかけやすいといいます。

「やれやれ、これで今日も終わったか。また明日、あの文句ばかりいう客のところに行かねばならぬか。もう今から気が重い、先が思いやられるわ」では、その思い通りに事が運んでしまいますよ。

前向きに、次の動きをもとに自己暗示してみることをおすすめします。

寝る布団の上に胡座をかいて座る。両手は軽く組む。左手の労宮のツボ（中指を曲げて、手のひらにつけた所）に右手の親指を当てる。左手指は親指と中指を接し輪をつくる。右手の親指以外の四本の指は、左手の甲側、先の労宮の反対側に右手の中指へ接するようにおく。

眼を閉じる。腰を中心として、メトロノームが左右にリズムをもって揺れるように自分の上半身を左右に揺らす。その際、必要なコトバを自己暗示として繰り返す。

例えば「いつでも―どこでも―気楽に―話が―できる」というように左―右―左―右という揺れにあわせて言葉を声に出していってもよい。心の中で唱えてもよい。二、三分～五分くらいしたら、揺れをだんだん小さくしてから止めます。

次、横になり、同じ言葉を繰り返してから眠りに入ります。

このメトロノーム法の実践は、心身の疲労を癒し、明日の活力を促すことができます。人間のバックボーンである背骨にも刺激が加わり、各内臓に対し、さざ波効果をもたらします。グッスリ眠れ、目覚めも爽やかになります。お試しを！

●実践のコツ――待ちあわせの「待つ間」を活かして

電車やバス、人との待ち時間を活用する簡単にして効果的な方法です。

要領は、肩幅に両足を開きます。次、息を吸いながら両足の指を上方に向けます。同時に両踵を下方に押すようにして力を入れます。肛門も絞るようにします。これにより、腰から下の方は、やや力の入った状態になります。特に、おへその下あたり、ここを丹田といいます。

肩の力はダランという感じで抜きます。背中に注意をむけると、一本筋が通ったようなスキッとしたものを感じます。以上を味わったら、息を吐きながら両足の指を下ろします。この要領で六回から九回くらい繰り返します。

これにより姿勢はよくなり、上虚下実という頭の働きを活性化することに役立つのです。頭の方の緊張は解けます。筋肉の感覚器、筋紡錘の働きが薄くなり、あわせて大脳もリラックスしてきます。それだけ血流はヒッカカルことなく円滑化してゆきます。これが、上虚になったわけです。

一方、下腹のおへそ三センチ下にある下丹田は踵を床に押しつけ、肛門を締めることで自然に力が加わり、下実というドッシリ感が生じてくるわけです。額が涼しく、お腹が温かいという頭の働きがベストの状態になれるのです。同時に背骨の矯正にもなり、姿勢もよくなり、内臓の働きもよくなります。

待つ間に頭の働きを促進し、あわせて健康になれるというわけです。

●実践のコツ——木に寄りかかって

木から気をもらうのも、一つの方法です。散歩の途中などでちょっと休憩などとしゃれて行える方法です。誰にも気づかれずに。

まず、桧とか銀杏など薬効の多い木を選ぶといいでしょう。両手のひらの甲を臀喩（両手を垂らす。背中側でその両肘の位置にある）にあて、両手のひらの部分は樹木の肌に当てる。手のひらにある労宮のツボと樹木の気との交流を図るわけです。労宮のツボは余り意識しなくていいでしょう。そのうち樹木の温もりを感じたりします。また、耳を当てると樹液の流れる音を聞いたりすることもできます。

また、木を抱えるようにし、木との対話をするように瞼を閉じ、木との一体感を味わうよう試みてみるのもいいでしょう。ついでに、樹木にある薬効についてもお話ししておきましょう。

ＮＨＫ教育テレビ「趣味百科・『気功専科II』」のテキストの中に紹介されていた樹木の薬効を一部紹介してみましょう。

〔桧〕老化を防ぎ、足腰を丈夫にし、元気をつけ、髪の毛を増やしたり、黒くする。耳や目を良くする。リュウマチにも良い。

〔銀杏〕元気を出し、呼吸器、胃腸を丈夫にする。咳を止め、痰をきる。精神安定、利尿等によい。

〔蜜柑〕胃腸を温め、気の巡りを良くする、胃腸を丈夫にし、消化を助ける。

〔楓〕リュウマチの痛みを和らげ、関節の働きを良くする。但し、老人や過労の人は疲れ易くなる。

●実践のコツ――両脇の下に両手を挟んで、簡単にできる健康法

イツでも、ドコでも、ドノヨウナ姿勢でもできて、体力の向上はもちろん、精力のアップも図れる方法です。

ツボのポイントは、両脇の下の腋毛の真ん中でドクドクと血液の流れが感じられる

ところに極泉というのがあります。これに次のような要領で刺激を与えればいいのです。

左右の両手を脇の下に入れる。それぞれの人差し指以下四本の指を揃えて極泉のツボに接するように入れる。両人差し指がツボに触れるようにする。親指は、外に出しておきます。両腕は胸の前で左右かけあわせるようにする。五分から十分くらいでよいです。

●実践のコツ——三つのツボ刺激で、精神的ストレスと疲労を回復する

まず、「風池」のツボがあります。この所在は、首の後ろで頭骨の下側の窪んだところにあります。

そこに両手の親指を当てる。他の指は後頭部に当てる。その親指で「イチッ、ニッ、サンッ」という感じで、少し強く押す。ユックリ親指を離す。また押す、と繰り返す。約三分くらいです。

次に、手のひらにある「労宮」のツボを刺激する。要領は同じです。

最後に、足の裏にある「湧泉」というツボです。ちょうど、八の字の頂点に当たる

ところにある。押し方は同じです。疲労の状態に応じて、刺激の回数とか時間は適宜調節してよいでしょう。

七章　気のトレーニングで自・他を幸せにする

●実践のコツ——霊気（レイキ）療法「教義五戒」

招福の秘法——万病の霊薬とは左の五つの言葉に要約できます。

今日だけは怒るな　心配すな　感謝して　業を励め　人に親切に——。これは、日本から世界へ発展した霊気療法で、自己ヒーリングをする場合、唱える「教義」です。

今から百余年前、臼井甕男《みかお》先生により創始され、百万人以上の信奉者がいたといわれるハンド・パワーによる治療法です。

それがアメリカに伝えられ、一九七八年頃から二〇年足らずでアメリカはもちろんカナダ、イギリス、フランス、オーストリア、インドなどなど海外で大いに広まったといいます。

そのブームに一九八五年頃、『レイキ療法』として翻訳出版された本がキッカケで、日本でも再びハンドヒーリングとしての評価を得てきたのです。優れた「癒しのテクニック」であり、さらに「精神性を向上させ、人生を積極的に創造していく」ことにも非常に効果があると、多くの体験者から認知されているのです。

この霊気の特徴は、宇宙のエネルギーをアンテナとして受け止めるように、霊気テイーチャーを媒体として他の人の本来持っているエネルギーの通路に流し、ブロックを除去し、本来の流れに変え、癒すことができることです。

この考えの発端は、臼井先生が鞍馬山で二十一日間の瞑想で受けられた貴重な啓示をもとに、体系化されたものとして伝えられています。

その啓示が、他のハンドヒーリングにはないシンボルとマントラです。これにより肉体への癒し、感情の癒し、さらには、遠隔にいる人にエネルギーを送り癒せることができるのです。そして、もう一歩高い段階に達することのできる高次元の自分（ハイヤーセルフ）の導きによる生き方が可能になるものです。

しかも、気功のような修行的な訓練も必要なく、すぐティーチャーによってエネルギー回路が形成されるというのは魅力です。

その他特徴がありますが、項目のみを指摘しておきます。修行・訓練不要について一生有効、パワーアップ、集中・努力不要、邪気を運ばない、信じなくても有効、人間以外にも有効、他との相乗効果、時空を超越、カルマなどの浄化、悟りへの道標などが挙げられます。詳しくは霊気の専門書を参照してください。

ここでは、その中の「教義五戒」について指摘、説明を試みたいと思います。

なお、本書を執筆するに際し、題名に選んだヒントは、この「教養五戒」の最初に指摘のある「今日だけは」の言葉にあります。

この「今日だけは」の重要性と、この中に込められている意義を私なりに受け止め、本書のまとめと五戒の解説を試みました。

一分間解説——三脚の原理を活用して、五戒の重要性を考える

以上をもとに、解説をしてみましょう。

『今日だけは』（共通）、過去—現在—未来の時間軸、また因果の法則を通して、「今ここにおける自分」の大切さについて、紹介してきました。これからの自分の人生を決める大切なことで、この五つの戒めすべてにかかわっているわけです。

①『怒るな』……Oリングテストをすれば、歴然と表れます。どんなに力を入れても、簡単に離れてしまいます。それだけ身体に悪い影響を与えています。怒りが過ぎると、肝臓を痛め、その気が上がり目を病む元にもなります。怒りで腸が煮えくり返るなんてことありますね。レントゲンで見るとホントに怒りで、腸が煮物の中の具のようになっているとのことです。断腸の思いもありますね。

図⑮

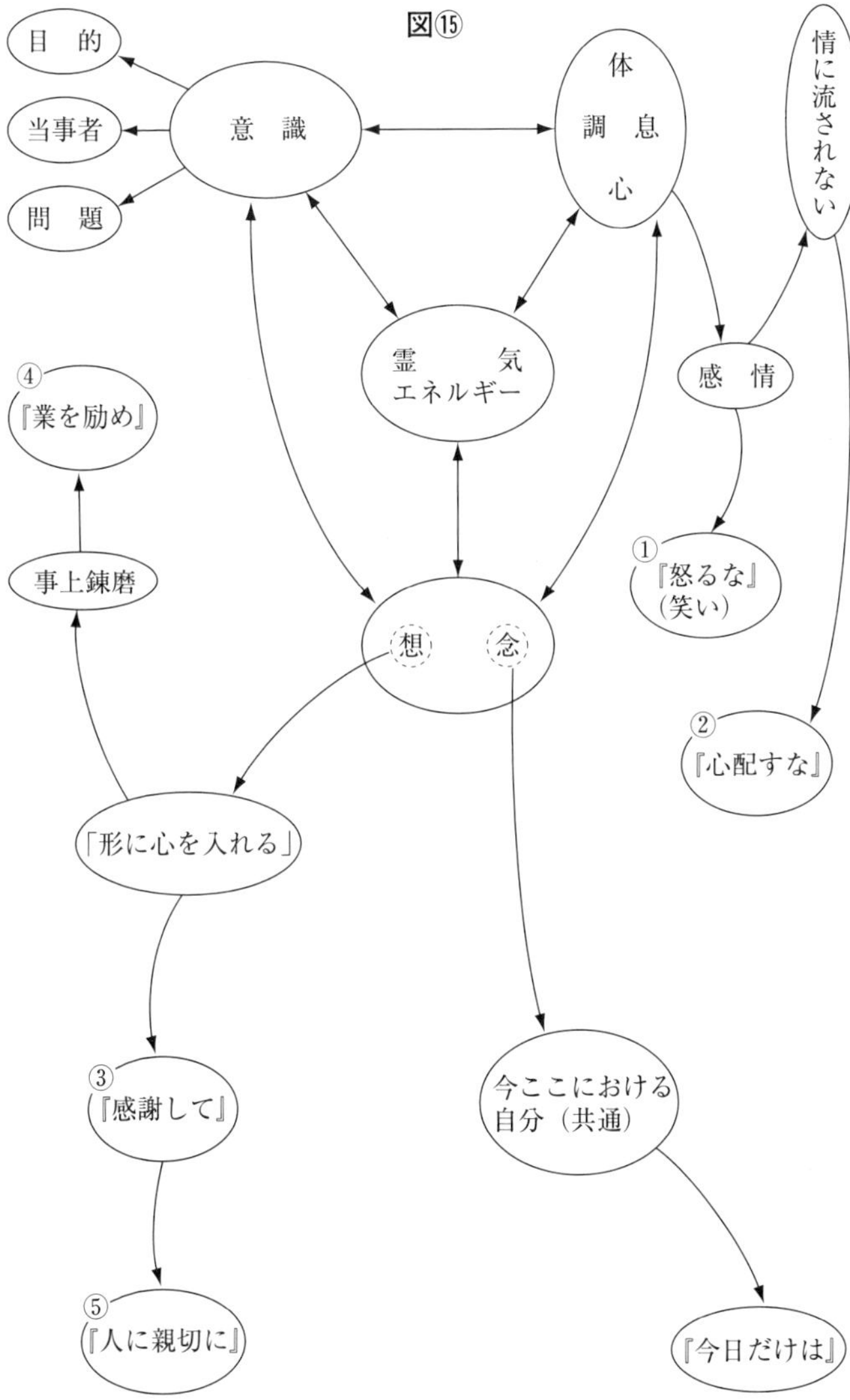
目　的
当事者
問　題
意　識
体
調　息
心
情に流されない
霊　気
エネルギー
感　情
④『業を励め』
事上錬磨
①『怒るな』
(笑い)
想　念
②『心配すな』
「形に心を入れる」
③『感謝して』
今ここにおける
自分（共通）
⑤『人に親切に』
『今日だけは』

これもレントゲンで見ると、まさに腸が切れているようにくびれているとのことです。

②『心配すな』……取り越し苦労やイロイロ嫌なことを引きずったり、不安を感じたりして心配したり、憂鬱になったり、悲嘆にくれたりしがちですね。この状態が続くと内蔵の痛みはたまったものではありません。心配で悲しみが過ぎると、肺臓を痛め、他呼吸器もおかしくなります。そして気は沈み込んでゆきます。心配で憂鬱が続くと脾臓を痛めます。これにともない消化不良を起こしたり、お腹が張ってきます。気は滞りがちになります。心配で恐怖がともなうと、腎臓を痛めてしまうといいます。

③『感謝して』⑤『人に親切に』……存在は、「かかわり」であり「不完全」です。その両面の「かかわり」をみると、**不完全を補いあう関係**となります。**補いあう**以上は、これに「かかわって」生まれてくるのは、**補うことができてありがとう**という感謝ではないでしょうか。私はよく大学の授業や、企業内研修などで**補いあう**ことから、感謝の重要性を力説したりしますが、ただ聞き置くが多いですね。何事にも「形に心をいれる」こと、これが「感謝」のことであり、

また『人に親切に』となるわけです。相互に**補いあう**ことは、自分一人だけの社会ではない。「おかげさま」の「かかわり」を大切にしたいものです。自分がしてもらいたいことは、人にしてあげる。自分がしてもらいたくないことは他人にしない。この言葉をよくよく心にすべきではないでしょうか。

④『業を励め』……事上磨錬《じじようまれん》という言葉があります。これは、日常におけるどんなことでも、ないがしろにせず、錬磨の材料として励むことを意味しているのです。その際「何のため」という目的意識、「～している」という当事者意識、「これでいいのか、こうしてみたら」の問題意識をもって「かかわる」ことが大切です。このように、ただガムシャラに仕事をすることではないのです。私が主張する「意味と価値」をどのように摑み取るかということが、いわんとすることでしょう。

●実践のコツ──気幸功法（「龍」のように舞い、天・人・地とかかわり、霊気［レイキ］に浴す）

私が実践する「気幸功」という名称は中国にはありません。気という生命エネルギーは、自分も含め他の人をも幸に導くことが可能であるというところから「気幸」と命名しました。また「功」はトレーニングの意味です。

私の創作というと大袈裟ですが、約三十数年の気功体験と催眠の体験及びレイキ体験五年を通しての集約ともいえるものです。その中から気功の基本条件と必要条件をまとめてみました。

① 基本条件としては、気功にはたくさんの流派があります。私も、数種類の功法を学びました。それらの中から共通的な要素を取り出すと、次のようになります。

・両腕や身体を伸ばしたり、降ろしたりすること。また、両腕を開いたり、閉じたりしているのです。

・禅密気功では、背骨を柔らかく前後左右に微動させることを基礎を築く功法として築基功と銘うっています。この動きも参考にしています。

② 催眠技法の言葉によるイメージのあり方も加味しております。

③ 動きとしては、まず全体はユックリとした動きです。その動きは、丸い動き、柔らかい動きは、軟気功の常識かもしれません（硬気功の拳法的とは違いがある）。それから、諸動作にともなう意識のあり方として、遠く、近くという遠近

に意識をおくことです。

④　必要条件としては、この功法を実践すると決めた時の心構えです。いい加減では、結果は出ないということです。**信頼、決心、自信、恒心**の四つのコトバの実践いかんにかかってきます。

信頼することとは、「この功法の実践により、このようなことの実現をしたい」と目標実現にあたり、自分が得たいことを描き、その実現の手段としては非常に効果的であるという信頼をおくことです。ともかくどんなものか体験してみようという岡目八目では結果は出せません。

ある気功講演会のことです。ある女性の方が、その気功の体験を通しての素晴らしさを説明した時のことです。

「瞑想、催眠、ヨガ、気功など極め尽くしました。そして随分、気で治してあげました。すこしばかり天狗になっていたかもしれません。ところが、自分が具合悪くなったところが全然、回復しなかった。その時、この気功法に出会ったのです。そしたら、今までの体験とは、完全に違いました。これは凄いと実感しました。もちろん、治らなかった痛みは、スッカリ消えていました」というような発表でした。

その功法の素晴らしさはそれで大変結構なことです。ただ、私が指摘したいのは「極め尽くしました」という言葉にあります。そんなに三つも、四つもの技法を渡り歩いて極めたといえるのかなという疑問です。

よくいます。「私は、小周天がすぐできてしまったんです。なのに、どうってことありませんでした。気功なんて大したことありませんね」と感想を述べる人が……。

決心も欠如しがちです。右顧左眄《うこさべん》しなさんな、ということです。それこそ、これで極めるぞ、という決心です。

自信を持つことです。信頼、決心の結果として自信は生まれます。変わらざる心構えを持ち続ける。持念ということと同じです。これを**恒心**といいます。一意専心というわけです。

次に功法の構成要素です。
①「龍」の字を描きながら全身をくねらせ、優雅に逞しく飛翔することを通し全身の経絡に働きかけながら、龍神の運気を呼び、健康を促そうとするものです。

② 天と人と地にかかわる呼吸法を行いながら、天人合一化を図ろうとします。

③ レイキのシンボル（1・2・3）を気功化し、ハイヤーセルフと繋がることができるよう配慮してみました。

まず「龍のように舞う」法は道家秘伝といわれる「龍遊功」と少し動きに違いがあります。

観月環という方のすすめる「遊龍功」の動きを活用してみました。

字の書き方を覚えます。

図⑯

図⑯「龍」の崩した字を見てください。先に示した基本条件にありますように、この字には、伸び、下がる、開く、あわせる、丸い、という要素のあるのが分かります。

そして、龍は遠く、大空を躍動的に舞っている。こうしたイメージのもと全身を柔らかく、くねらせることが容易、しかも複雑な動きもなく、覚えやすいものです。

身体を動かす前に両手をあわせ、この指先で、目の前に大きく書いてみてください。字の見本を見なくても書けるまで練習を試みることです。

この練習を試みている時に、両手の動きにあわせて身体が左右に動き、背骨がクネクネ動いているのに気づかれたのではないでしょうか。

それではトレーニングに入りましょう。

① 両足を肩幅に開きます。膝を少し曲げながら緩めます。身体を調えるで紹介（一三五頁参照）した「三点一線」の姿勢をとります。これを動功の前に行う静功といいます。その際、表情を緩めて、微笑みを忘れないことです。一～三分くらい無心の気持ちで静功を行います。

② 両手をちょうど、羽を広げるように左右に大きく開いてゆきます。手のひらから周りにあるエネルギーを吸収するようにしつつ、肩から上に上がる時、今まで下に向いていた手のひらを返して、上に向けます。この時は、天の気を吸い込むイメージです。頭上で手のひらをあわせます。以上まで、息は吸い続けます。次、あわせた両手を息を吐きながら胸の当たりまでユックリ降ろしていきます。

③ 合掌したままの両手を左側に傾け、首も少し左側に傾けます。と同時に腰をや

や右に出します。この状態が、龍の字の最初の部分に相当します。息の方は、合掌した両手を胸のところから左側に傾け、始めに軽く息を吸います。傾けながら、両手が左耳に近づくにつれ、息を吐きます。

④　息を吸いつつ合掌した両手を頭の上を半円を描くようにしながら、両手と身体を伸ばすようにします。合掌した両手の肘は柔らかく曲げ気味にします。

⑤　合掌した手は、右側にきます。この時、腰は左側に動かします。このように手と腰の位置は反対方向になります。右側にきた合掌の指先は、今まで上を向いていましたが、だんだん顔の前にきます。その時は、前方に向け、その指先で字を書いてゆく感じになります。字の書き順は下方に向きますので、息は吐き続けるのです。

⑥　下方の曲線のところまで降ろしながら、膝を曲げ腰も落としていきます。しゃがむようになります。ここまで、息はユックリと吐いていきます。

⑦　ユックリと立ち上がりつつ円弧を描きながら、息を吸い始め、少しずつ右上斜めに合掌した手を上げます。

⑧　右側に両手がきます。その時、腰は左側に移します。顔は、右側に少し傾けま

す。半円を描きつつ頭上を通ります。息はここまで吸い続けます。

⑨左側にきた両手を息を吐きつつ、今度は降ろしていきます。下方の方で、少し右側にそれから左側にいったり、きたりしていますが、この際も小さな動きですが、腰は、手とは反対側にあります。そして、だんだん腰を落とし、膝を曲げ、しゃがむようになります。

⑩字を見ると、ちょうどS字様になっている部分です。腰を上げつつ息を吸い右側に合掌している左手が下方に、右手は上方に向け顔の当たりまで上げていきます。

⑪小さく円を描くようにしながら、息を吐きつつ右側から、左側へと斜めに曲線を描きつつ、腰を落とします。この時の腰の位置は中腰になります。

⑫最後の線にきたら、そのまま両手を上げ、腰を伸ばし、③に戻り、この繰り返しになるわけです。

ここまでの所要時間は、四十秒から四十五秒くらいになります。

以上で終了したい場合は、龍の字を六~十二回繰りかえします。終了の場合は最後の中腰の姿勢から、両手を左右に開きつつ息を吸い、全身を伸ばします。頭上で両手をあわせ、息を吐きつつ身体の中心に沿って降ろします。

胸のあたりまできた時、合掌している両手の手首部分を開いてゆきます。両手の甲が上向きになり、両指先は、中指が軽く接し、一直線になります。次はそのまま両指先を下方に向けます。すると、両手の甲が接します。丹田（おへその下指四本くらいの位置）まで降ろしたら、左手のひらを丹田に、その上に重ねるように右手のひらを置きます。

上から降ろすとき、気の流れが上体から下へさがってゆくよう意識します。

なお、丹田への手のひらの置き方は、先に示したのは男性用です。女性の方は男性の置き方の逆になります。約一分くらい、気が丹田に収まったと感じたら、目を開けます。

龍遊から引き続く場合は次の進め方で実施します（天・人・地とかかわる）。
①　龍の字、最後の中腰の姿勢から、ユックリ立ち上がりつつ、両手を左右に開き頭上で両手のひらをあわせます。意識することとして、両手で周辺の気をすくい上げつつ、天からの気をもあわせ、頭上に持ってきつつ、頭頂から体内と合掌した指先から両腕を伝わり、ともに丹田まで降ろしてゆく。その際、気を降ろしな

がら少し膝を曲げます。

② 次は息を吐きながら、丹田に入った気が上昇し、両腕を伝わり、指先を伝わり、天高く気が伸びていくことをイメージします。

③ 息を吸いながら①、吐きながら②を三回繰り返します。これらを通して天（宇宙）からのエネルギーを受け取り、天のリズムに共鳴しあえるわけです。

④ 三回目の時は、息を吸いながら、降ろしてきた気を両乳の間に止める。両手は胸の前で、合掌している状態になります。そこで、息を吐きながら両手を左右に開きつつ、手のひらはそれぞれ外側に向けて左右に押すようにします。気は、胸から前後左右に遠心的に広がってゆくようイメージします。三回繰り返します。

③の天との、かかわりに対し、④は人とのかかわりといえます。影響力ともいえます。愛の光が輝き広がる感じです。さざ波のよう広がっていくわけです。

この動きにあわせて、全身のバイブレーションを高めるために、先に紹介した一字呪文（一五五頁）の「エー」の活用をすすめます。次、息を吸いながら、求心的に胸に気が集まってきます。両手は身体の方に引きつけつつ、胸の前で合掌に入ります。以上を三回繰り返します。

⑤　今度は地とのかかわりです。大地の炎のエネルギーを吸収し、生命力の強化に役立つところです。バイタリティ溢れる生き方が、できるというイメージを持つとさらに効果的でしょう。

まず、胸のところで合掌したままになっている両手を、下方に降ろします。その降ろし方は、あわせている手首を左右に開くように徐々に、水平になるまで離していきます。すると、両手の中指は軽く接しています。その時、息を吐きながらユックリと離してゆくわけです。

水平になったところで、両指先を下に向けます。両手指の甲部分がついたところで両手指の甲の両小指から離し、両人差し指はつけたまま両手のひらをあわせます。指先は下方に向いています。その指先からマグマの炎燃ゆる大地深く、吐き続けている気を降ろすのです。

息を吐き終わったら、大地深くの炎のエネルギーを吸う息とともに、両足湧泉（足の裏八の字のようになっている内側の上にある）よりと、両手指先の両方から吸い上げます。湧泉のツボからは、丹田まで、両指先からは、腕を通り肩から丹田の道筋を辿っていきます。合体して丹田に収めたエネルギーを、息を吐きながら、今の逆を辿るわけです。以上を三回繰り返します。
レイキ（霊気）を学ばれていない方は次の方法で収功します。
⑥指先を下方に向けているところから、両手のひらを離し、胸の辺りまで息を吸いながら持ち上げていきます。次、息を吐きながら両手を左右に大きく広げます。手のひらは、天に向けます。そこで、天（宇宙）からのエネルギーがさざ波のように自分に集中して、ちょうど、逆三角形になっているようにして降りかかるイメージをします。
全身でそのさざ波の感じをバイブレーション（波動）のように受け取ります。一～三分くらいたったところで、周辺にあるエネルギーを両手ですくうように上げ、自分の全身に降り注ぐようにし、両手を身体に沿って降ろしていきます。シッカリと丹田に収めます。（レイキ取得者は一と四のシンボルを被る）
⑦大地の炎との交流が終了したところで、地の方に向いて合掌している指先と身体で第一シンボルを描くわけです。このシンボルは地球や大地と関係しているわけです。パワー溢れるシンボルです。
まず、大地に向けている両手指先を地と天を結ぶように、地深くから弧を描く

ように息を吸いながら上げます。指先からは白光または光エネルギーが放射されているとイメージしてもよいでしょう。斜め右頭上に弧を描きながらきた時から第一シンボルが描かれます。

シンボルの描く向きは自分の方向です。だから、頭上に持ってきたら、そのまま、真っすぐ天から地へと、息を吐きながら両手を降ろし膝を曲げ、腰を降ろし、指先を地深く向けます。

後は、左回転を描きつつマントラを唱えます。これだけでもよいのですが両手を離し、シンボルを全身にもう一回被り、両手を降ろします。ここで一分くらい、余韻を味わいます。この時、何ともいえぬ心地よさを味わえます。次、第四シンボルに入ります。

両脇に降ろしている両手を、息を吸いつつ肘を曲げ、身体に沿って胸のところまで上げていきます。

次は息をはきながら、両手を大きく広げます。その際、一字呪文の「エー」を唱えるとよいでしょう。そして、地球を包み込むような壮大なイメージを持ち、広々とした宇宙からの光エネルギーをさざ波の如く浴るのです。そして臼井先生のように、明治天皇の御製を唱えるとよいでしょう。
私は、この場合にあっているとして次の御製を唱えます。

あさみどり　澄み渡りたる　大空の　ひろき己が　心ともがな

さらに「五戒」を唱えます。そして、光エネルギーが両腕いっぱいに集まり、包まれている自分、その中で、両腕いっぱいのエネルギーに第四シンボルを描くのです。マントラを唱え、両腕で高次元につながるエネルギーを被ります。その後、合掌しアファーメーション（肯定的宣言）をします。

一日の始まりに――

今日一日、私はハイヤーセルフの癒しと導きにより、今日なすべきことを必ずなし遂げます。私は、アラユル面でますます〝よく〟なり〝好かれ〟〝好きになり〟、また〝好奇心〟を持って、どんなことにも、新しい意味と価値を見つけ、創り出し、社会に役立つ人間として〝善く〟を目指し、活動しております。ありがとうございました。

一日の終わりに――

今日一日、ハイヤーセルフの癒しと導きにより、命の光が輝き、生命エネルギーが活性化し、元気に過ごすことができました。〝かかわり〟を大切に〝補いあう〟心豊かな人となります。ありがとうございました。

メイメイの自分の一番でいいんじゃないか

ムキになって他と競争なんかしなさんな
人は　人　自分は　自分でしょ
素質　健康　家庭　などなど
みんな違いがある　それが人間なんだ　違いに目くじらたてず
その個人としてのモチマエを　発揮したとき
これをその人の一番といい　能率が発揮されたという
自分を生きているということさ　五十人中の一番は一人だけ
それより　みんなが一番になる　これをありのままの姿という

ただ、なんとなく生きる、人生そんなに長くはないよ

今日の自分は　未来を創る原因
この今日が原因となって　未来という結果は　大きく変わる
「そのうち」とか「明日に依存」が　今日の損失を招く
未完了を完了させ　スッキリ人生
「どおんと」　やってみようよ！

●実践のコツ――あるがままに生きること、楽しみを楽しむコツ

ある歌手が長年気にしていた頭の髪《かつら》
それを取ったら　頭はもちろん　気分もスッキリ
それから以後は　テレビに　ステージに
あるがままの自分に満足したとのこと
少ないのを　多く見せようとしたり
ナイのに　アルように見せようとする

そうしたエネルギー使いは　苦しいでしょう
一方　それを見ている人は　気持ちのいいものではない
人前での話をしていて　あがったら
あがっちゃいまして　といったらいいのさ
繕う必要はありません
繕うといえば　知ったかぶりもある
そんなのすぐ見破られますよ
しかし　知っているようなふうをしないと
気がすまないのでしょう
こんな場合　ありのまま　あ　それは知りませんでした
繕わずに　いったほうがよい　なぜって
知らざるを　知らざるとなす
これを　知る　というのさ
事実は事実なんです　それなのに
事実から

自己防衛とか評価に飛び火して
それに　しがみつく
あるがままを阻害する　元凶だ

●実践のコツ——招福の秘法・万病治癒の法の教義「五戒」は〝精進〟と〝あるがまま〟の生き方

「今日だけは」が五戒すべてに　かかわっている
その意味は　〝精進〟にあるのでは
山に登るコツとは　頂上にいたる〝今〟に　意を注ぐことにある
足を運ぶ　そのことに　その一歩　一歩にだ
「あと、どのくらい」など　余計なエネルギーの　無駄づかい
「こんなに仕事をしたんだ。評価してくれるだろう」
「給料上げてくれるだろう」などなど　心配したり
それが満たされないと　怒ったり　不平をいう
こうなると　感謝　親切など　表しようがない

かえって　人に当たり散らす　やけ酒を飲む
あるがままの生き方なら　方向決めて　あとは今に精進する
今日ただいまにすべてを注ぐのです
「五戒」で始まる〝今日だけは〟
『あるがままの精進』と　見つけられよう

おわりに

原稿を書きながら、常に頭をよぎるものは「人生の目的」とは何だろう、ということでした。

定年後、もう十四年になんなんとしています。産能短期大学で、創立の動機となった「能率」を、現役時代から現在に至るまで担当しているからです。

「能率」は、私の考えの原点ですから、本書の中で随所に活用のヒントを示してきました。

それぞれが固有するモチマエを発揮することなどを通して、創立者、上野陽一先生の能率に対する考え方を咀嚼し続けてきたつもりです。その中に、目的と手段の関係があります。

そのような関係から、五木寛之さんの本に関心を持ちました。その評価は差し控えますが、一読に値する本であると思いました。

さて、私は本書を通して、「存在は、常に変化する」を中心・基盤としてメッセージと実践のコツを分かりやすく、実践しやすくを念頭にまとめてきたつもりです。

私は、そうしたと思っても、受け止められる方は、まだまだ、とおっしゃられるかも知れません。私も、今年で七十四歳になります。しかし、本に書いたり、講演や講義で話す以上は、自分でやってみなければ、の信念で試み実践しているものです。

ただ「これでいい」と思った時、それは「悪く変化した」ことと指摘しましたが、そうならないよう「これでいいのか」「こうしてみたらどうだろう」と『未完成を楽しみたい』

こうした生き方が「人生の目的」になるんじゃないかな、と思ったりしています。

そのための手段としては、「今日だけは」の生き方として、右顧左眄せず、ただ、「あるがまま、ただいまに精進しつづける」ことが重要だと思います。すると、その人の持つ固有のモチマエが発揮できる、というムリ・ムダ・ムラのない生き方を楽しめるのではないでしょうか。

みんな違いがあるんだから、それを素直に受け止め、いたずらなる競争意識なんか持たないことです。

それから、能率の関係からみると、『朝日新聞・天声人語』に植木屋さんの話が紹介されていました。

最初に出ていたのは、木に登って、枝をあるところまで切ると、木から降り石に腰かけて一服しつつ木を眺めている。

しばらくすると木に上り、降りて一服し眺めている。随分休みの多い植木職人だなあと思ったという。ところが、後で聞いて分かったのは、途中で、今切った結果を、庭全体から見てチェックをしていたのだという。

常に、部分に捕らわれず、全体とのかかわりで仕事をしている。

能率でいう「フィードバックとフィードフォワード」に該当します。軌道修正の大切さといえるでしょう。また、部分にとらわれず、全体を常に把握することの重要性でしょう。

ところで、天声人語によれば、その後の投書で「僕の父さんも植木職人だが、もっとスピーディに仕事をしている」ということがあったとのこと。そのはやい根拠とは、まず最初に庭全体を見て、それぞれの木々のあり方を見て取ってしまう。だから、いちいち降りて見直し取りかかることはないので、非常にスピーディに仕事がはかどっていたということです。

これもまさにプロの仕事といえるでしょう。後者の仕事の進め方、これも能率の考えに該当しています。

最終の姿を描いたら、後は、ただいまに精進するのです。よりヨク、ラクニ、ハヤク、ヤスクという能率の条件を満たしているのです。

さて、ここで提案したいのが、後者のあり方です。全体の関連性についての認識の差です。個にとらわれすぎるというのは、西洋的といいますか、分析的、論理的の進め方です　今、これだけでは、いろいろな解決を求められている中で、壁にぶつかって、空回りし始めた感が見えてきました。

もちろん、分析的、論理的な思考も大切です。問題は偏りです。「見える」といったら「見えない」という相対的な見方とでもいいましょうか。

その「見えない」部分のアプローチに東洋的な発想が大いに貢献してくるのではないでしょうか。

陰陽を表した大極図を見た方がおりましょう。陰の中に陽があり、陽の中に陰がある。それが、ダイナミックに回転し相互作用している。ということです。登るものは、降りなければならない。繁栄を望むならケチをしてはならない。力を誇るのは不安の裏返しなどなど。

「見えなかった」ものが「見えてきたり」するのではないでしょうか。

カッパブックスに『易経の謎』を書かれた今泉久雄さんが次のようなことを指摘されています。

わたしにとって「易」は、科学や理屈をこえた世界に働く目には見えない「法則」を理解するための、貴重な手がかりとしての役割をはたしている。この四千年とも五千年ともいわれる歴史をもつ人類の「英知の集積」は、実に底知れぬパワーをもってわたしに「宇宙の真理」といったものをかいま見せてくれる。

ふとしたことから、わたしは、「易」の基本構造と細胞の奥深くにしまわれた遺伝子DNAのメカニズムに不思議な符号が見出されることを発見した。～以下略～

少しあとがきとして、長くなってしまいましたが、「未完成を楽しむ」ためにも、メッセージを読んで、私の考えをヒントに、自分なりに考えると得るものがありましょう。

もし「こんなことも考えられるのでは」という発見があったらご報告いただけるとありがたいと思います。ご一緒に勉強できれば幸いです。

みんなが自分の一番になりましょう！

なお、この本書をまとめるに当たっては、いろいろな文献を参考にさせていただきました。また、これにともなう大学での公開コースで培った「ビジネスマンのための催眠セミナー」での体験、能率学の授業、気功や霊気（レイキ）セミナーの指導などを通して貴重な体験をしました。その体験を、『歯医者さんの待合室』という雑誌に連載（二年以上続行中）、発表してきました。それらの、まとめが本書といえます。

そのまとめに当たって、元就出版社社長の浜正史氏からアイデアなどをいただきました。ありがとうございました。

二〇〇〇年三月

玉川上水べりの自宅書斎にて　　高岡　正

【著者紹介】

高岡　正（たかおか・ただし）

1926年生まれ。50年官立無線電信講習所（現、電気通信大学）卒業。

56年以降、現在の富士通ゼネラル技術部勤務を経て、警察官、業界新聞記者、総合病院にて心療内科催眠カウンセラーを経験する。

62年、産能大学教育事業部に入職。のちに経営開発研究所に異動、研究員、主任研究員、主幹研究員を勤める。また、産能短期大学で助教授、教授を歴任。

88年、青森中央短期大学経営情報学科教授。92年同短期大学を退職。

現在、産能短期大学非常勤講師、ライフ・スキル・クリエート研究所所長、きらめき気功研究会名誉会長、レイキワンネス・ワールドネットワーク名誉顧問。


主な著書に『能力開発の成功法則』『自己啓発100の成功法則』『部下指導の成功法則』『創造力開発の進め方』『人を動かす話し方』『成功する話し方・聞き方』『発想する技術』『能力開発トレーニング法』『先を読む考え方の法則』『成功を創造する』『問題解決力』『ビジネス能力開発法』『リーダー感性と問題解決法』など多数。

「今日だけは」の生きかたがあなたを変える

2000年6月11日　第1刷発行

著　者　高　岡　　正
発行人　浜　　正　史
発行所　株式会社　元就《げんしゅう》出版社
〒171-0022 東京都豊島区南池袋4-20-9
サンロードビル301
電話　03-3986-7736 FAX 03-3987-2580
振替　00120-3-31078

印刷所　東洋経済印刷

※乱丁本・落丁本はお取り替えいたします。

ISBN4-906631-53-3　C0036